Robert Capa

Robert Capa
Imágenes de guerra

Roberto Rubiano Vargas

Rubiano Vargas, Roberto, 1952-
Robert Capa: imágenes de guerra / Roberto Rubiano Vargas — Bogotá:
Panamericana Editorial, 2005.
168 p. ; 20 cm. — (Personajes)
ISBN 958-30-1905-4
1. Capa, Robert, 1913-1954 II. Fotógrafos — Estados Unidos —
Biografías I. Tít. II. Serie
927.7 cd 19 ed.
AJB2322

CEP-Banco de la República-Biblioteca Luis Ángel Arango

Editor
Panamericana Editorial Ltda.

Dirección editorial
Conrado Zuluaga

Edición
Mireya Fonseca Leal

Diseño, diagramación e investigación gráfica
Editorial El Malpensante

Cubierta: Robert Capa, 1954
© Hulton Archive • Photos Images

Primera edición, octubre de 2005
© Panamericana Editorial Ltda.
Texto: Roberto Rubiano Vargas
Calle 12 N° 34-20, Tels.: 3603077-2770100
Fax: (57 1) 2373805

Correo electrónico: panaedit@panamericanaeditorial.com
www.panamericanaeditorial.com
Bogotá D. C., Colombia

ISBN 958-30-1905-4

Todos los derechos reservados.
Prohibida su reproducción total o parcial
por cualquier medio sin permiso del Editor.

Impreso por Panamericana Formas e Impresos S. A.
Calle 65 N° 95-28, Tels.: 4302110-4300355, Fax: (57 1) 2763008
Quien sólo actúa como impresor.
Impreso en Colombia
Printed in Colombia

"Si tus fotos no son muy buenas es porque no estuviste suficientemente cerca".

Robert Capa

"El deseo más ferviente de un fotógrafo de guerra es estar desempleado".

Robert Capa

El oficio de retratar la historia

El trabajo fotográfico de Robert Capa está en todas partes. El público consumidor de prensa escrita, o visitante habitual de los sitios web en todo el mundo, conoce sus fotografías. Cada uno de los habitantes del planeta (por lo menos aquellos con educación básica) habrá visto al menos alguna de ellas antes de morir, pero pocos, muy pocos, identificarán esas fotografías con su firma. Sus imágenes sirven para todo: son utilizadas para hacer portadas de libros, para campañas publicitarias institucionales, para ilustrar cuanto reportaje sobre la Segunda Guerra Mundial y sobre la Guerra Civil Española se escribe, se ha escrito y se escribirá. Sus fotos siempre son ejemplo del mejor periodismo gráfico. Son el modelo de cualquier taller sobre fotografía periodística. El más prestigioso galardón de fotografía de prensa lleva su nombre. Sin embargo, no existen prácticamente biografías sobre su vida y obra. La única, publicada en inglés, no se reedita desde hace algunos años, y en español, simplemente no existe ninguna. Lo que sí está disponible en el mercado editorial son sus magníficos libros que recogen sus fotografías más conocidas. En la red también es posible consultar sus fotos en diversos lugares (ver apéndice con enlaces web). Obviamente, cualquier intento por recoger todo su trabajo significaría un esfuerzo editorial demasiado ambicioso. Son más de 70.000 fotografías tomadas a lo largo y ancho del planeta, entre 1930 y 1954. Por lo tanto, en esta biografía sólo pretendemos acercar al lector a las experiencias fundamentales que forjaron al más grande fotógrafo reportero del siglo XX, el hombre cuyo oficio fue retratar la historia.

Robert Capa fue testigo de los más determinantes momentos de la primera mitad del convulso siglo XX. Sufrió persecuciones políticas por sus ideas progresistas, huyó de las primeras arremetidas del nazismo, vivió la primavera intelectual del París de entreguerra donde afinó sus recursos estéticos, hizo los amigos que lo acompañaron durante su corta existencia: Kertész, Cartier-Bresson, David Seymour, Luis Buñuel y muchos otros. Cubrió los más violentos e inhumanos conflictos de la primera mitad del siglo XX. Estuvo en las trincheras de la Guerra Civil Española, desembarcó en Normandía y dejó testimonios inolvidables sobre los combates de la Segunda Guerra Mundial. Fotografió al último muerto del conflicto. Visitó China durante la invasión japonesa. Visitó México, donde informó sobre unas turbulentas elecciones. Estuvo presente durante la primera Guerra Árabe-Israelí y, finalmente, recorrió las tierras de Vietnam en 1954, donde se iniciaba la escalada norteamericana que se resolvería veinte años después, con millones de muertos, millones de toneladas de explosivos y una tragedia humanitaria cuyos ecos todavía estremecen al planeta.

Allí, al pisar una de las muchas minas antipersonales sembradas desde la Segunda Guerra Mundial en todo el mundo, terminó su existencia. Acababa de tomar la última fotografía de su vida: un grupo de soldados desplazándose por un campo donde alguna vez se sembró arroz para alimentar a la vida humana, pero que en ese momento sólo estaba sembrado de minas para segarla. El último acto consciente de su existencia fue tomar una foto y correr el rollo para tener lista la cámara para la siguiente.

Robert Capa dignificó a los sujetos de sus fotografías. Se acercó a sus rostros y los plasmó para la posteridad. Fue un hombre con profundos principios éticos y estéticos. Un artista que creyó que con su trabajo podría influir en los hechos: denunciar las iniquidades y evitar futuros conflictos bélicos.

Pese a estos deseos, con su trabajo tal vez no consiguió cambiar el destino de la sociedad, pero sí fue el hombre que fotografió la historia en directo, sin maquillaje, con todo su horror, como lección para los que sobrevivimos.

Un bautizo en la trinchera

El 5 de septiembre de 1936, Robert Capa salió de excursión acompañando a un grupo de soldados republicanos que iba en una misión de vigilancia, cerca de la ciudad de Córdoba, España. Tenía encargado fotografiar a esos militares en su frente de batalla. El lugar previsto como escenario era Cerro Murriano, un paisaje desolado, que en ese momento representaba un punto de defensa importante para el ejército republicano. Las tropas fascistas, al mando del general Franco, estaban a pocos cientos de metros de distancia.

Uno de los ocho soldados que acompañaba al joven fotógrafo era el miliciano Federico Borrell García, un muchacho de veinticinco años de edad, nativo de Valencia. A pesar del uniforme militar, Borrell tenía el aspecto de un campesino andaluz (aunque era en realidad un obrero textil), usaba un quepis militar y llevaba un viejo fusil Máuser.

Las fotos que Robert Capa estaba tomando tenían cierto tinte propagandístico. Capa quería mostrar la manera como el ejército popular español se oponía a las tropas comandadas por el general Franco. Buscaba evidenciar que aquellos eran soldados del pueblo: civiles que defendían su tierra. El lugar que seleccionó para hacer las fotos, como correspondía a su forma de actuar, era una trinchera legítima situada en un frente de batalla real. El resultado final de su trabajo de ese día es una secuencia en la que se ve al grupo de ocho soldados, disparejamente vestidos, haciendo señales de victoria con sus fusiles, apuntando al enemigo y otras poses de batalla. En determinado momento, el soldado Borrell García decidió saltar a la trinchera donde Capa enfocaba su cámara hacia el cielo. Al tiempo que Capa apretaba el obturador de su Contax un disparo segaba la vida de Borrell García. Es probablemente la imagen de guerra más famosa que existe. Una coincidencia raramente alcanzada por la fotografía.

Esta foto hizo famoso a Robert Capa de manera instantánea. Él, sin embargo, como le ocurrió siempre en la vida, se sintió en parte culpable por la muerte del miliciano. Capa fue sobre todas las cosas un hombre de ética, lo llevó a involucrarse siempre en los conflictos humanos que cubrió como periodista. Siempre tomó partido y contribuyó, con su particular forma de observar el mundo, a difundirlos e impedir —en lo posible— nuevas atrocidades. Ese fue el sentido de su trabajo como fotógrafo. Y en el ejercicio de estos principios éticos sucedió el episodio de Cerro Murriano que catapultó su consagración mundial.

Pero, ¿quién fue Robert Capa?

Para definirlo bastan pocas palabras: fue el más grande fotógrafo de guerra durante la primera mitad del siglo XX. Probablemente, no hay otros dos o tres similares a él. Ni siquiera ahora, cuando abundan los reporteros suicidas que cubren los diversos conflictos bélicos que componen el cicatrizado mapa del mundo que habitamos. Tal vez su más legítimo heredero es James Nachtwey, el fotógrafo neoyorkino que cuenta con una obra cercana a la de Capa en calidad y en cantidad, y que no por casualidad ha ganado seis veces el premio periodístico Robert Capa, el único fotógrafo que lo ha logrado tantas veces.

La obra de Robert Capa está íntimamente relacionada con los conflictos humanos o con uno de sus rituales más frecuentes: el de la guerra. En los escenarios de las batallas Capa realizó sus sueños de gran contador de historias. El escritor que quiso ser encontró en la cámara el reemplazo inmediato y directo a su necesidad de narrador. Vivió con intensidad cada foto porque arriesgó su vida al tomar muchas de ellas. Viajó en tanques de guerra, en planchones de desembarco. Fue perseguido por policías y soldados de los más diversos ejércitos. Tomó sus fotos bajo el bombardeo de Sangchow durante la guerra chino japonesa; disparó sus cámaras en Omaha Beach mientras a él le disparaban con ametralladoras punto cincuenta. Vio la muerte en todas sus formas y esto hizo que buscara la vida en el más mínimo destello.

Ahí quedan sus testimonios. La foto de los ciegos tomados de la mano en Tel Aviv, sus dramáticas fotos durante el desembarco de Normandía en Omaha Beach, la foto del último hombre muerto en la Segunda Guerra Mundial, las patéticas imágenes de la victoria: mujeres colaboracionistas expulsadas de su pueblo con la cabeza rapada, son parte de la historia reciente del mundo. Y Capa las tomó en directo, acercándose hasta compartir el mismo aire que respiraban los sujetos de sus fotografías. La gente a la que él se acercó había perdido todo menos su condición humana y Capa subrayó la dignidad de cada una de las personas que fotografió. El sentido de oportunidad de este gran fotógrafo al captar el gesto de las multitudes hizo la diferencia. Los rostros de italianos celebrando la llegada de las tropas aliadas, los gestos de angustia de ciudadanos barceloneses aguardando los bombardeos franquistas, el grupo de espectadores que observa una etapa del Tour de Francia, los funerales de un ciudadano anónimo en Nápoles o la ceremonia de despedida de las Brigadas Internacionales al fin de la guerra española, son parte de ese enorme archivo de rostros de la guerra y la esperanza, el sufrimiento y la redención, son el resultado de las observaciones de ese ojo privilegiado que fue el suyo. Las personas que él fotografió bajo el fuego cruzado de la guerra dejaron de ser anécdotas pasajeras y se convirtieron en víctimas reales, seres humanos a los que uno podría leerles el número de identidad social.

La guerra, la violencia, han sido registradas de muchas maneras. Velázquez dejó un testimonio de la guerra en pinturas como *La rendición de Breda* y, acerca del poder, en sus retratos de la corte española. Goya pintó los brutales fusilamientos por parte del ejército bonapartista, Picasso registró los horrores de Guernica estallando en su *atelier* de pintor. La imagen de Federico Borrell García en el momento en que una bala lo alcanza tiene la misma fuerza visual, pero, además, es un icono de la fotografía mundial. Un icono de la guerra tan fuerte como las imágenes pintadas por Velázquez, Goya o Picasso. Es parte de esas imágenes indelebles que forman el gran retrato de la historia.

Algo sobre la fotografía de prensa

Cuando Capa estaba cubriendo la Guerra Civil Española corría el año de 1936. La fotografía era el más importante recurso visual para documentar los acontecimientos del mundo. El formato periodístico de la revista ilustrada vivía su primer gran momento de gloria. Publicaciones como *Life Magazine*, *Vu*, *Weekly Illustrated* y otras similares, contrataban a los mejores fotógrafos para registrar la vida del mundo. Esto era posible porque esas publicaciones se imprimían mediante modernos sistemas litográficos que permitían reproducir imágenes con alta calidad.

El sistema litográfico de impresión fue el primer impacto tecnológico que abrió el espacio del periodismo para los fotógrafos. El segundo fue la creación de la cámara Leica de 35 mm. Sin embargo, tales avances tecnológicos no hubieran bastado si no se hubiese dado al mismo tiempo un cambio cultural de enorme trascendencia.

El auge del reportaje fotográfico de prensa, en cierta forma, es resultado de la revolución científica e industrial. Las grandes transformaciones culturales vividas desde el siglo XIX cambiaron la manera de ver el mundo. La fotografía cumplió un papel fundamental en esta transformación. Proporcionó al público lector de prensa una nueva percepción de la realidad. Las personas comenzaron a sentir que el hecho de poder observar la fotografía de un suceso ocurrido en cualquier lugar del planeta era como estar allí. Los medios gráficos capitalizaron esta ansia de emociones. La revista *Life* prometía a sus lectores: "Ver la vida, ver el mundo y ser testigo de grandes eventos, mirar las caras del pobre y el ademán del orgulloso, ver cosas extrañas, máquinas, armas, multitudes, sombras en la jungla y en la Luna (...); ver y tener el placer de observar; ver y ser sorprendido; ver y ser instruido".

El mundo cambiaba a gran velocidad, los inventos surgían uno tras otro. La fotografía entonces comenzó a suministrar el tipo de imágenes que la gente deseaba ver. Los objetos con sus contornos definidos, en su ambiente natural y con formas sorprendentes. La fotografía artística de principios de siglo, que intentaba copiar los efectos más o menos borrosos de la pintura impresionista, fue remplazada por el llamado "nuevo realismo", uno de cuyos más lúcidos exponentes fue Paul Strand quien, con sus fotos sobre la vida austriaca, hizo informes casi antropológicos sobre la vida en sociedad. Estos tres grandes cambios: nuevos sistemas de impresión, desarrollo de aparatos fotográficos fáciles de llevar y una nueva sensibilidad al observar la vida, fueron las bases sobre las cuales se desarrolló el periodismo ilustrado que surgió con gran fuerza en Europa en medio de las dos guerras mundiales. Esa fue la plataforma perfecta sobre la cual hizo su aparición el fotógrafo Robert Capa.

El gran avance gráfico que significó la invención del sistema de impresión por rotograbado se materializó el 4 de marzo de 1880, cuando el periódico *Daily Herald,* de Nueva York, publicó la primera fotografía de prensa mediante el sistema de tramas litográficas. Hasta entonces, la fotografía sólo podía utilizarse en la imprenta como motivo base para imágenes que se hacían dibujando a mano sobre las fotografías. En algunos casos se publicaron fotos originales (copiadas una y otra vez), pegadas con goma al papel impreso. Este recurso fue utilizado por periódicos de tirada muy baja que, en su gran mayoría, publicaban retratos de personas importantes a criterio del director del periódico.

Poco a poco, la fotografía fue convirtiéndose en una herramienta cotidiana para los medios de prensa. Las revistas ilustradas fueron transformándose. Sin embargo, las imágenes que aparecían tendían a ser más o menos estáticas, o trataban de sorprender por su rareza. Es decir, eran edificios, barcos, monumentos sorprendentes o históricos. Navegantes de artefactos voladores estrafalarios que posaban a la cámara antes de matarse en el fondo de un abismo, mujeres bonitas o nuevos vestidos. *Freaks*, enanos y gigantes, caciques de tribus exóticas, fieras salvajes recién muertas por cazadores vestidos de safari, y más mujeres bonitas.

El primer periodista en hacer un trabajo más o menos de reportería gráfica fue Jacob Riis. Un escritor que comenzó a fotografiar los barrios de inmigrantes de Nueva York con el fin de hacer más verídicas sus historias de prensa. Con este periodista de origen danés la fotografía dejó atrás los espacios asépticos, los clubes sociales y los lugares comunes, así como la anécdota curiosa. La fotografía comenzó a mostrar el lado oscuro del mundo en que vivimos. Sus imágenes de obreros apeñuscados en pobres habitaciones del lado este de Manhattan, de los edificios del Bowery medio destruidos, de los callejones habitados por truhanes y niños desamparados fueron una impactante novedad para el lector de prensa. Charles Dickens y su mundo de miseria se les apareció con una cámara fotográfica.

Claro que eran las imágenes de guerra lo que más impactaba por la violencia que registran. Durante la Primera Guerra Mundial los periódicos comenzaron a publicar fotos de los desastres del conflicto: ciudades destruidas y campos de batalla desolados. Largas filas de ejércitos y soldados vestidos con tremendas máscaras de gas. Sin embargo, los equipos con los cuales trabajaban los fotógrafos eran demasiado pesados y a sus imágenes les faltaba la dinámica de la violencia y de la acción de guerra.

La fotografía fue a la guerra, por primera, vez en la península de Crimea, cuando Roger Fenton tomó fotos de los soldados caídos en combate. Más tarde, en 1864, durante la guerra civil en los Estados Unidos, Mathew Brady organizó un grupo de fotógrafos para cubrir los escenarios de las cruentas batallas. Brady era un fotógrafo retratista que tuvo la iniciativa de fotografiar la guerra no como un cronista ni como un generoso humanista interesado en mostrar la violencia, sino como un negociante. Intuyó que la fotografía podría dejar un enorme testimonio por el cual le pagarían grandes sumas. En parte tuvo razón. Hizo un gran testimonio sobre la guerra, y sus fotos, hoy en día, son muy valiosas. Pero en aquel tiempo, simplemente, lo llevaron a la ruina, porque nadie quería ver los resultados de la violencia política que acababa de dividir a los Estados Unidos. Mathew Brady terminó pobre y arruinado, pero su archivo, realizado con el esfuerzo de muchos fotógrafos contratados por él, que se desplazaron por todas las zonas del conflicto, es un material de primera mano en la historia de los Estados Unidos. Fue el primer gran cubrimiento de una guerra hecho por la fotografía. Sin embargo, estas imágenes no se utilizaron de manera directa en la prensa, salvo unas pocas que fueron reproducidas mediante xilograbado o utilizando múltiples copias de originales fotográficos.

En Colombia la primera documentación de guerra realizada con fotografías estuvo a cargo del pintor Luis García Evia, uno de los pioneros en el desarrollo de la fotografía en América Latina. Se trata de una serie de fotos del convento de San Agustín, destrozado por innumerables impactos de bala durante la guerra civil de 1861. Posteriormente, durante la Guerra de los Mil Días, los fotógrafos dejaron innumerables testimonios de los rostros que fueron a la conflagración. En México, la guerra civil está perfectamente documentada gracias al archivo Casasola, que es un caso similar al del archivo de Mathew Brady. Un empresario que reúne el trabajo de muchos fotógrafos bajo la cobertura de una especie de agencia fotográfica.

El primer acontecimiento bélico que mereció el interés de un gran cubrimiento mediático fue la Guerra Civil Española. Los fotógrafos de prensa que lo hicieron contaron, por primera vez para su trabajo, con las nuevas cámaras fotográficas miniatura, Leica y Ermanox, que les permitieron llegar más allá de lo que jamás ningún otro fotógrafo había conseguido. Estas cámaras fueron el segundo avance técnico en el desarrollo de la fotografía de prensa.

La invención de la cámara Leica (abreviatura de Leitz Camera) fue un enorme avance. La Leitz era una fábrica alemana dedicada a la fabricación de microscopios. Uno de sus ingenieros, Oskar Barnack, era un aficionado a la fotografía que usaba una pesada cámara de placa y soñaba con una portátil.

Mientras fabricaba un exposímetro para fotografía (aparato ya patentado por Thomas Alva Edison para el uso en cinematografía) y experimentando con la película perforada de 35 mm que se utilizaba en las cámaras de cine, Barnack descubrió que al usarla de manera horizontal (en el cine se usa vertical) el formato se duplicaba (24 x 36 mm) y la calidad aumentaba. Así que decidió hacer una cámara fotográfica portátil basada en la óptica de alta definición característica de la fábrica Leitz.

La cámara estuvo lista en 1913 y sus primeras fotografías comprobaron que la teoría de Barnack era cierta. Las imágenes eran de calidad superior y su jefe, el doctor Ernest Leitz II, la patentó en 1914. Su producción, sin embargo, fue interrumpida por la declaratoria de la Primera Guerra Mundial.

Una vez concluido el conflicto bélico, las primeras 31 Leicas, hechas a mano, fueron entregadas a fotógrafos profesionales para que las probaran en su trabajo cotidiano. Su opinión no fue del todo feliz, pues encontraban el formato del negativo demasiado pequeño y dudaban de que su calidad permitiera una buena impresión en prensa. Pese a estas dudas, en 1924 la Leica fue presentada oficialmente en la Feria Comercial de Leipzig. El primer modelo tenía un lente fijo de 40 mm. Venía con un proveedor metálico para la película, que permitía tomar 40 fotografías y contaba con el disparador de cortina (habitual, a partir de entonces, en las cámaras de 35 mm) y enfoque de distancia ajustable. En su primer año de existencia se vendieron 1.000 cámaras de este modelo. El éxito fue inmediato. Hacia 1929 se vendían más de 15.000 por temporada. Año tras año, Leica introdujo muchas mejoras y en 1932 la fábrica Leitz ofrecía una cámara con un completo sistema de enfoque, acompañado de una amplia gama de lentes intercambiables, respaldos removibles y un nuevo disparador que permitía tomar fotos a 1/1000 de velocidad. Este discreto instrumento, sólido, de rápido uso y competente para producir buenas imágenes bajo cualquier circunstancia, con películas de bajo costo y grano fino de una sensibilidad de 50 ASA —muy sensible para la época— era casi perfecto. Por eso, pese a las reservas de los fotógrafos de prensa más tradicionalistas y de algunos impresores que dudaban de la calidad de esas fotos al llevarlas a la fotomecánica, muy pronto se convirtió en el aparato favorito de la mayoría de fotógrafos reporteros. Gracias a la Leica, maestros como Cartier-Bresson, Alfred Einstaed o André Kertész pudieron realizar sus dinámicas imágenes, plenas de vida, que se convirtieron en el modelo a seguir por todos los fotógrafos que hicieron su obra después de ellos.

Robert Capa tardó algún tiempo en llegar a ella y utilizarla. Sus primeras fotografías las tomó en Budapest, con una Rolleiflex prestada por su amiga Eva Besnyö. Posteriormente, consiguió una Voigtländer de formato medio y con ella arribó a París. Más tarde, a través en la agencia Dephot, utilizó por primera vez la Leica. Esta cámara le permitió expandir su sensibilidad visual y captar esos detalles de la realidad que caracterizaron su trabajo. En cierta forma, él fue el depositario de todos esos avances científicos, estéticos y políticos que le permitieron crear su obra. Esos factores coincidentes lo llevaron a tomar fotografías decisivas, por las que la revista *Picture Post*, de Londres, lo proclamó en 1938, a sus veinticinco años de edad, "el más grande fotógrafo de guerra en el mundo".

¿Pero, cómo llegó hasta allí? ¿Cuál fue el extraño camino que tomó este joven húngaro, aspirante a escritor, para convertirse en el más importante fotógrafo de guerra?

El primer bautizo de Robert Capa

Robert Capa nació en Budapest, Hungría, en 1913, bajo el nombre de Endré Friedman. Hijo de una diseñadora de modas y de un intelectual con ínfulas aristocráticas. Era una familia con algunos recursos económicos que reunía en sí misma todas las contradicciones de Budapest, una ciudad con muchas capas sociales y dividida por el río Danubio. El día de su nacimiento, la madre y las tías de Endré observaron en él varias características que, según ellas, prefiguraban su futuro. El bebé tenía unas cejas demasiado pobladas y una de sus manos tenía un pequeño dedo adicional. Esos signos hicieron pensar a las mujeres —sin duda alguna— que el recién nacido estaba llamado a tener fama y fortuna. Las cejas pobladas fueron una de sus más notables características durante el resto de su existencia. El dedo adicional fue extirpado muy pronto, mediante una sencilla cirugía.

En el ambiente intelectual húngaro era muy común ser parte de círculos artísticos o políticos, así como imponerse sobrenombres, como si las trágicas circunstancias de su país, invadido y roto, una y otra vez, afectasen las personalidades. De ahí que el bebé, que fuera bautizado como Endré Friedman, posteriormente recibiera el sobrenombre de *Bandi*. Luego, cuando vivió en París, cambió su nombre original de Endré por André, y al final de esa pirotecnia patronímica terminó por hacerse llamar Robert Capa.

Budapest es una ciudad formada por dos ciudades que están implantadas en las dos riberas de uno de los ríos legendarios de Europa: el Danubio. Buda, en los años de formación del joven Friedman era una ciudad de obreros y comerciantes; en cambio, Pest lo era de aristócratas con una tradición cultural mucho más marcada. Cada uno de sus padres representaba las dos orillas de la ciudad. Su madre, Julia, era de Buda y era una mujer educada y trabajadora. Su padre, Deszö, era originario de la otra orilla y más bien proclive a la vida liviana.

Ellos eran propietarios de una sala de modas en la cual trabajaban muchos empleados hasta que la crisis económica mundial de 1929 afectó a esta antigua ciudad del Danubio. Julia y Deszö se vieron obligados a reducir el taller e instalarlo en la sala de su casa. Para entonces, Endré, adolescente y ya conocido por su sobrenombre de Bandi, erraba por la ciudad en busca de su destino, como casi todos los adolescentes de todos los rincones del mundo. Y, como a todos los adolescentes, le incomodaba la presencia de sastres y clientes en su casa (la chata realidad económica). Por eso, pasaba la mayor parte del tiempo en la calle, acompañado por un pequeño grupo de amigos entre los cuales se contaba Imre Weiz, mejor conocido con su sobrenombre (muy húngaro) de *Czsiki*, con el cual compartiría aventuras políticas y los primeros tiempos de sobrevivencia en París. Paseaban por los baldíos y por las orillas del río discutiendo sus sueños de ser un escritor reconocido el uno y viajar por el mundo el otro, lejos, muy lejos de esa ciudad que los agobiaba, como agobia cualquier ciudad a un adolescente de diecisiete años. En esas correrías Endré Bandi Friedman conoció a una de las primeras mujeres que marcarían su destino: Eva Besnyö, quien desde muy joven tenía un particular y formado criterio estético sobre la fotografía.

Eva era una adolescente criada por un padre que creía sinceramente en la emancipación de la mujer y auspiciaba en su hija la independencia de pensamiento. A la madre de Eva, el nuevo amigo de su hija, el joven Endré, no le parecía un tipo adecuado. Eva ya tomaba fotografías con una cámara Kodak Brownie, actividad que le producía más satisfacción que hacer los deberes escolares. Eva y su pasión por la cámara provocaron el primer contacto de Bandi con la fotografía.

Muy pronto, en 1928, Eva Besnyö decidió seguir su carrera como fotógrafa profesional y comenzó a estudiar con József Pecsi, un fotógrafo húngaro inclinado hacia el estilo "pictorialista", o sea, ese estilo manierista que se dio en la fotografía a comienzos del siglo XX y que intentaba copiar el de la pintura impresionista mediante imágenes que se conseguían poniendo filtros frente al lente y que hacían perder nitidez a las fotografías. Sin embargo, Eva se inclinaba más hacia la fotografía documental, así que cuando comenzó a utilizar una cámara más profesional, una Rolleiflex, sus temas preferidos fueron los muelles a la orilla del río, los desempleados dormidos en los parques y las fábricas y, en general, temas de realismo social.

En 1930 Eva concluyó sus estudios con Pecsi y decidió continuar su carrera en Berlín. Ese viaje de estudios no fue, ni mucho menos, el final de sus relaciones. Ella continuó siendo una influencia notable y un soporte permanente para el joven

Bandi y sus vidas se entrecruzarían muchas veces en los años por venir.

Friedman era un joven voluntarioso y enérgico. Deportista de medio tiempo, jugaba fútbol y, aunque no era particularmente hábil, sí era muy solicitado por sus compañeros por su generoso carácter y su lealtad hacia sus amigos, características que lo acompañarían el resto de su existencia. Puede decirse que su destino estuvo marcado por esa enorme capacidad para la amistad. Ese don que todas las personas tienen, pero pocas llevan a los extremos de entrega e incondicionalidad que Endré Bandi Friedman tuvo por sus amigos. Su destino fue el destino de sus amigos, o el que sus amigos le ayudaron a encontrar.

En el otoño de 1929, cuando tenía diecisiete años y hacía el último año de colegio, conoció a uno de esos tantos personajes que moldearían su vida: Lajos Kassack. Uno de esos muchos buenos amigos que empedrarían el camino de su vida con buenos consejos, apoyo económico oportuno, conexiones apropiadas, sugerencias artísticas o concepciones acerca de la vida. Kassack era un poeta, novelista, pintor, diseñador de vanguardia, de cuarenta y dos años de edad. Era un creyente de las nuevas corrientes constructivistas, socio de proyectos de Moholy-Nagy y de todos aquellos artistas que desde la Bauhaus intentaban proponer un arte confortable y utilitario dirigido a la clase trabajadora. Había fundado varios semanarios de corte socialista y en el último de ellos (*Munka*), comenzó a publicar el trabajo de fotógrafos como Jacob Riis y Lewis Hine, cuyas imágenes mostraban las inequidades del sistema capitalista y las posibilidades de la fotografía como documento de uso social.

Los hombres y mujeres que colaboraban en el semanario *Munka* formaban (también muy a la manera húngara) un círculo llamado Munkakor, que organizaba exhibiciones fotográficas, recitales de poesía, conferencias y otras actividades culturales y políticas. En esas reuniones, Kassak expresaba los principios de su filosofía democrática, igualitaria, pacifista, semicolectivista, antiautoritaria y antifascista; defendía los intereses de los trabajadores y ponía gran énfasis en los derechos del individuo en sociedad. Bandi adoptó esta posición liberal y poco dogmática a la cual sería fiel el resto de su vida.

En 1929, la situación política en Hungría era asfixiante bajo la dictadura del primer ministro antisemita Miklós Hortly. Bandi, al igual que la gran mayoría de jóvenes de su edad, no veía la hora de marcharse del país. Se sentía asfixiado por la ausencia de democracia política y económica imperante en Hungría. Él fue parte de esa gran migración húngara que alimentó el mundo de la literatura, las artes visuales, el cine y el diseño y la arquitectura. Nombres como los de Lazlo Moholy-Nagy, André Kertész, Sándor Marái, gravitarían en la cultura del siglo xx. Y todos ellos tendrían en común que fueron expulsados de su país por gobernantes intolerantes.

Por otro lado, Kassak le había abierto a Bandi los ojos sobre el periodismo y le parecía que esa carrera podría depararle un horizonte ilimitado de viajes y aventuras. Años después escribió: "Durante los últimos dos años de mi bachillerato terminé por interesarme en los estudios de literatura y política, y he decidido seguir mi carrera como periodista". Esta decisión fue el primer paso en el corto camino que lo condujo de las calles de Budapest a las trincheras de las batallas que estaban por estallar en todos los rincones de Europa; ese camino que lo condujo de ser un joven húngaro sin oportunidades a transformarse en el más destacado periodista fotógrafo de su época.

Las condiciones económicas impuestas por la bancarrota mundial hacían las cosas aún más difíciles en Hungría, y las manifestaciones en contra de las medidas del gobierno arreciaban. Obviamente, el círculo Munkakor participó activamente en estas demostraciones antigubernamentales y el joven Bandi Friedman y su amigo Csziki se metieron de lleno en actividades políticas que culminaron con su encarcelamiento.

El 1 de septiembre la unión sindical húngara convocó una huelga general en la cual participaron los munkakors. Esa tarde, los dos amigos participaron de la marcha de los huelguistas. El Gobierno, muy nervioso, había desplegado toda su fuerza policial, armada con sables, y se lanzó a deshacer la marcha. Uno de estos policías sorprendió a Bandi gritando consignas cerca de una plaza donde estaban los restaurantes más elegantes de la ciudad. El oficial lo persiguió y lo atacó con la espada. En medio de sus desesperada fuga, tropezó y cayó entre las mesas de la terraza de uno de esos lugares. Fue su primera visita a un restaurante de esa categoría. Pasarían años antes de que volviera a uno de ellos y pudiera pagar la cuenta.

Como pudo, se levantó entre los destrozos de platería, mesas y manteles manchados, y escapó del policía. Sangraba escandalosamente, aunque la herida no era muy grave. En cambio, las consecuencias de este enfrentamiento sí lo fueron. Endré fue expulsado de su escuela, pero lo más grave fue que al regresar a su casa, después de salir del hospital, "dos señores con grandes sombreros" vinieron a buscarlo para llevarlo a los cuarteles de la policía. Como cualquier adolescente con ínfulas de militante revolucionario, Bandi se portó muy arrogante y burlón durante los interrogatorios de los oficiales y se metió en graves problemas. De repente fue golpeado hasta la inconsciencia.

> Cuando me desperté —escribió Capa años más tarde— estaba tendido en el piso de una pequeña celda en el sótano de la comisaría. La puerta se abrió y dos gordos y poco amistosos policías húngaros se acomodaron en la entrada. Miré alrededor mío y pude ver muchos nombres de las personas que habían estado detenidas en ese lugar. Los últimos dos nombres eran los de Sallai y Fürst, dos jóvenes militantes comunistas quienes, después de regresar de Moscú, dos meses antes, fueron capturados y ejecutados. Este descubrimiento me hizo sentir muy intranquilo.

Al día siguiente su padre se presentó a la comisaría y, utilizando las influencias de algunos funcionarios de origen judío, logró que liberaran a su hijo. Más tarde, le consiguió un pasaporte que le fue entregado con la condición de que su hijo abandonara el país lo más pronto posible.

La graduación de Endré debía ser el siguiente mayo, pero la situación no estaba para formalidades. Tal graduación y la fiesta quedarían aplazadas para siempre. Bandi no le hizo asco a la posibilidad de abandonar Budapest y buscar oportunidades en otros paisajes, así que aceptó con gusto el exilio obligatorio.

De esta manera comenzó su errancia en busca del mundo que estaba más allá del Danubio. La ruta inicial de esa correría comenzó en un tren que lo puso en camino hacia Viena, a bordo de un vagón que avanzaba por entre los bosques austrohúngaros. Friedman dejaba atrás la casa paterna. El único hogar que iba a conocer en toda su vida. Desde ese día su vida sería ese viajar de país en país y de ciudad en ciudad. Y lo más parecido a un hogar sería esa sucesión de hoteles y apartamentos amoblados por mano ajena, en los cuales pasaría algunos días o, a lo sumo, algunos meses.

¿Cómo es esto de la fotografía?

El aprendizaje para afrontar el mundo fue duro. Comenzó apenas al llegar a Berlín después de un largo viaje que lo llevó desde Budapest pasando por Viena (ciudad muy cercana y también situada sobre el Danubio), luego por Brno, Praga y finalmente Dresde.

Al bajar en la estación de Berlín, con su maleta de cartón y su gesto perplejo de estudiante confundido, se le acercó una hermosa mujer de cabello rubio y le preguntó si necesitaba alojamiento. Él, algo sorprendido de que alguien así se le acercara de buenas a primeras, dijo que sí; ella repuso que podría conseguirle un bonito apartamento, iluminado y bien ubicado. Endré, en ese momento, creyó que el mundo era un paraíso habitado por rubias amables y apartamentos con buena calefacción. Hizo el camino hacia su flamante alojamiento pensando en su nueva vida de seductor de mujeres fáciles, pero cuando llegó al sitio encontró que la oferta no se parecía en nada a la realidad. Lo atendió una mujer de mal aspecto, sucia y malhumorada, que le mostró un lugar estrecho cuya cocina parecía no haber sido lavada en muchos años. La rubia cobró su comisión por el nuevo cliente y desapareció. Capa recordaría que lo dejó como diciendo: "Hasta luego pendejo".

Por las calles de Berlín, como por las de muchas capitales europeas de la época, caminaban refugiados de las más diversas nacionalidades. Gente perseguida por motivos políticos o económicos, que se desplazaba de una a otra ciudad, de un país a otro, según la dirección en la que soplaban los vientos de la intolerancia, tan común en los años treinta. Eran obreros, sindicalistas, intelectuales, activistas políticos y artistas, todos necesitados de un empleo, de un buen par de zapatos o, al menos, de un pedazo de pan para llevar a la boca. De esas colonias de refugiados, una de las más solidarias con su propia gente era la comunidad húngara. Allí volvió a encontrarse con Eva Besnyö, quien lo presentó ante un grupo de jóvenes húngaros izquierdistas e intelectuales, entre los cuales se encontraba György Kepes, fotógrafo, pintor y diseñador. A través de este, Endré conoció las teorías estéticas de Laszlo Moholy-Nagy, el destacado teórico, pintor y fotógrafo perteneciente a la Bauhaus. Aunque nunca llegó a conocerlo en persona, Moholy-Nagy fue una de las influencias artísticas que formaron la base sobre la cual construyó su credo artístico.

Por otra parte, Eva ya estaba establecida como fotógrafa, lo cual le daba un aire de respetabilidad a los ojos del joven Friedman. Hasta ese momento, ella había trabajado con el Dr. Peter Weller, un fotógrafo de prensa, que (como ocurría muy a menudo con los fotógrafos de algún renombre) vendía las fotos tomadas por ella bajo su propio nombre a publicaciones ilustradas como *Berliner Ilustrirte Zeitung* y otras. Por esa razón, en los días de la llegada de Endré a Berlín, Eva se independizó y puso su propio estudio de fotografía, especializado en retratos, y comenzó a vender sus fotos a través de una pequeña agencia regentada por periodistas de izquierda, llamada Neophot.

Roberto Rubiano Vargas

Bandi no contaba con mayores recursos económicos, pero tenía aquella cocina en su cuarto donde podía preparar comidas para estirar sus contados recursos económicos. En este periodo, bajo la influencia de Kepes, frecuentó la lectura de autores de izquierda como Karl Korsh que alimentaron aún más su visión política antiautoritaria. Korsh era un militante que, años antes, había sido expulsado del Partido Comunista por tener una posición antiestalinista. Era el modelo clásico del intelectual que impresionaba, uno de aquellos con espíritu independiente. Poco antes de su encuentro con Bandi, Korsh había estado en España dictando conferencias y estudiando el fenómeno político de la izquierda en ejercicio del gobierno real. Publicó un resumen de sus conclusiones en un artículo de prensa que sembró en el joven el interés por la República española y su proceso político. A partir de ese momento, comenzó a mirar hacia el sur con atracción.

Su proyecto original en Berlín giraba alrededor de la idea de hacerse escritor y estudiar periodismo. Para tal fin, se matriculó en la Escuela Alemana de Estudios Políticos en octubre de 1931. Esta era una escuela de corte liberal que, a diferencia de los clásicos centros educativos alemanes, proponía una educación más práctica, dirigida a una generación que necesitaba reconstruir su nación después de la devastación de la Primera Guerra Mundial. Era una escuela cuyas ideas políticas eran más o menos centristas y, por tanto, era rechazada tanto por los comunistas como por los nazis.

Durante su permanencia en ella, Bandi no se caracterizó por ser un estudiante entusiasta. Sin embargo, el carné de la escuela le daba la cobertura legal en caso de que la policía le pidiera papeles y, además, le proporcionaba descuentos en el transporte público y en la cafetería. Su situación económica era muy precaria: aunque recibía una pequeña mensualidad por parte de su familia, ésta no alcanzaba para mucho, y dependía para su alimentación, más o menos permanentemente, de Eva Besnyö, Gyorgy Kepes y sus otros amigos. Sin embargo, al poco tiempo, esa mensualidad también desapareció. La crisis económica provocada por la gran depresión afectó a la economía húngara en general y a la casa de modas de sus padres, en particular. Por eso, a fines de ese año, su familia le comunicó que no podían enviarle más dinero.

Bandi tuvo que abandonar la escuela y se vio obligado a buscar un oficio. Algún profesor le recomendó que sus opciones podrían estar en la agricultura o en la fotografía. No consideró la agricultura ni por un instante, más bien pensó que la fotografía era una buena oportunidad para ejercer el periodismo de una manera diferente a cómo él pensaba originalmente. El periodismo sin palabras.

Un día, después de pensarlo mucho, se acercó a donde Eva Besnyö y le preguntó: "Bueno, y entonces, ¿cómo es esto de la fotografía?". Eva se quedó mirándolo y le preguntó inquisitiva: "¿A usted le interesa?". Bandi le dijo que sí y que creía que él podía ser un buen fotógrafo. "Pero usted no ha estudiado fotografía", repuso ella, "usted no tiene dinero para estudiar. ¿Cómo va a hacerlo?". Le respondió que haciéndolo simplemente. A ella le pareció chocante la actitud tan informal con la que su amigo de infancia pretendía acercarse a una profesión que, tal como ella la entendía, necesitaba de años de estudio y entrenamiento visual.

Sin embargo, Bandi también sabía que los nuevos equipos fotográficos eran muy fáciles de usar y pensaba que para convertirse en fotógrafo lo único que necesitaba era tener una cámara. Por eso fue donde su amigo György Kepes y le planteó su inquietud. Casualmente, Kepes tenía una cámara extra que había ganado diseñando la vitrina de un almacén. Se trataba de una Voigtländer de formato 6 x 9. Kepes se la entregó como un préstamo a largo plazo. Una vez en posesión de la cámara, Friedman se consideró a sí mismo un fotógrafo. Resuelto el tema de la profesión a la cual dedicarse, quedaba pendiente el de ganar dinero. A partir de ese momento comenzó una lucha en pos de trabajo, encargos fotográficos y dinero. El elusivo dinero.

El primer reportaje: León Trotsky

En la primavera de 1932, Friedman consiguió un empleo como asistente de laboratorista y mensajero en la agencia fotográfica Dephot, propiedad de un comerciante de origen judío llamado Simón Guttman. Éste era un hombre emprendedor, de ideas de izquierda y creyente en las bondades de la democracia. Este empleo, que el joven tomó en principio como algo provisional, fue definitivo para transformarlo en quien sería más tarde el fotógrafo Robert Capa, y Simón Guttman ingresó a la lista de amigos y protectores fieles que siempre lo acompañaron.

Dephot era una agencia que contaba en su grupo con prestigiosos reporteros y fotógrafos retratistas. Guttman había hecho una costosa inversión en equipos fotográficos (cámaras y laboratorios), lo cual implicó que la agencia tuviera muchos problemas de liquidez. Los salarios, en particular el del joven, no se pagaban muy a tiempo. Así que no fue extraño que la agencia entrara en bancarrota en el invierno de ese año.

Pero en los días inaugurales de primavera todo parecía ir bien, a pesar de que la situación política estaba marcada por la presencia cada vez más conspicua del Partido Nazi. Los militantes de este partido, tan afectos a las prendas militares y a los uniformes, marchaban a menudo por las calles de Berlín haciendo demostraciones de fuerza. Bandi y sus amigos izquierdistas idearon una estratagema para burlarse de la solemnidad nazi y de sus marchas. Durante las noches de la fría primavera de 1932 salían a las calles y avenidas, donde al día siguiente iban a marchar los uniformados vestidos con ropa negra y caqui y regaban baldes de agua sobre el asfalto que al día siguiente se convertían en una delgada capa de hielo. Los nazis pasaban marchando, pero sus botas claveteadas resbalaban sobre el hielo y los marchantes perdían toda su compostura. Esta actividad política tal vez no era muy eficiente, pero, al menos, Friedman sentía que hacía algo por oponerse a la prepotencia nacional socialista.

Durante ese año de 1932, su vida cotidiana comenzó a ser muy precaria. Muchos de sus amigos y parientes se marcharon de Berlín. Eva Besnyö fue a pasar el verano en Hungría, Georgy Kepes estaba pensando seriamente en recuperar su casa de Transilvania. Bandi se sentía cada vez más solo en una ciudad cada vez más hostil. De vez en cuando recibía unos dólares de sus tíos residentes en Nueva York, pero, poco a poco, su pobreza lo obligó a pasar las noches de verano durmiendo en las bancas de los parques.

Pero en medio del calor del verano, deprimido y soportando ese verano políticamente terrorífico, algo bueno sucedió en su vida. Entre los muchos trabajos rutinarios en el laboratorio de Dephot, tuvo que procesar los rollos que el reportero Haralf Lechemperg había enviado desde Punjab, India. Al ver las hojas de contacto se entusiasmó con la calidad de las imágenes, las analizó y celebró las que le parecieron mejores, y así se lo comentó a Simón Guttman. Este se sorprendió al descubrir que su joven laboratorista tenía criterios estéticos muy definidos acerca de lo que era una buena fotografía. Guttman, quien aplicaba su concepción democrática al manejo de su oficina, consideraba que todos los fotógrafos eran iguales y que, bajo condiciones de igualdad, todas las personas podían demostrar sus capacidades y talentos. Por eso, le ofreció una oportunidad para que concretara sus ideas acerca de la fotografía en imágenes vendibles. Decidió entregarle una Leica para que hiciera pequeños reportajes sobre la vida cotidiana de Berlín. A través de estos reportajes, Guttman descubrió la calidad del joven Friedman y confirmó que sus criterios estéticos se materializaban en un eficiente trabajo como reportero gráfico.

Sin embargo, la manera de expresar su satisfacción era un poco contradictoria. Uno de aquellos encargos consistió en ir a cubrir una competencia de natación. Cuando regresó con las fotos, Guttman criticó muy ásperamente su trabajo y terminó por echarlo a gritos de su oficina. El editor fotográfico de la agencia, Peter Petersen, que estuvo presente durante el incidente, vio las fotos y le pareció que el trabajo de Friedman era bastante bueno, así que le inquirió a Guttman el porqué de su exagerada actitud crítica, por qué había sido tan duro con el novato. Guttman replicó llanamente: "Bueno, sólo le estaba tratando de decir que él es un maestro".

A partir de ahí, Guttman fue incrementando la importancia de los encargos que le hacía al joven Friedman. Poco a poco, tanto él como los editores de la agencia, le fueron enseñando criterios visuales y técnicos para juzgar su trabajo. Y lo fueron introduciendo en los conceptos del moderno reportaje fotográfico. Al mismo tiempo, recorría los rincones de Berlín tomando fotografías y entrenado su ojo fotográfico, descubriendo las posibilidades de la cámara.

De esos primeros trabajos, sólo se conoce un reportaje publicado en el otoño de 1932. El resto de sus fotografías de aquel período desapareció. Pero, en todo caso, sabemos que gracias a la calidad y responsabilidad demostrada por él al hacer esos trabajos menores, Guttman le ofreció, a fines de noviembre, su primer gran encargo: ir a fotografiar a León Trotsky en Copenhague.

Trotsky, a la sazón, era un legendario expatriado. Expulsado por Stalin de la Unión Soviética tres años antes, vivía en estado de total aislamiento en Estambul, Turquía. Sobre su vida o decisiones políticas poco se sabía. Mucha gente creía que conspiraba para regresar a su país a tomar el poder, ya que, después de todo, había sido el jefe del Ejército Rojo. Stalin, paranoico, le temía más que a ningún otro enemigo político de los pocos, muy pocos, que le quedaban. Ya los había exterminado a todos mediante purgas, juicios y fusilamientos. Aquellos cuadros "históricos" que acompañaron a Lenin en la Revolución de Octubre habían sido eliminados por Stalin, uno tras otro, hasta desaparecer por completo cualquier posibilidad de contradicción. Stalin gobernaba de manera autocrática protegido por Lavrenti Beria, su guardaespaldas y jefe de policía, quien se encargaba del trabajo sucio: detener, acusar, fusilar, asesinar.

Por esa razón, León Trotsky vivía en un aislamiento de seguridad, y sus desplazamientos eran mínimos para no correr riesgos, para no exponerse a los sicarios de Beria. Esa vida de perseguido se prolongó durante ocho años más, en los cuales terminó por ir a vivir a México, amparado por un grupo de intelectuales que le ayudaron a crear una pequeña fortaleza en el barrio de Coyoacán, en la Ciudad de México, donde vivió protegido por gruesas puertas de acero y paredes decoradas por Frida Kahlo. Sin embargo, el largo brazo de la paranoia de José Stalin lo alcanzaría allí. El ejecutor fue un falso estudiante llamado Ramón Mercader, quien logró burlar las seguridades de la fortaleza de Coyoacán haciéndose pasar por un simpatizante suyo y lo asesinó sobre su escritorio de trabajo, utilizando un *piolet* de alpinista.

Pero en ese otoño de 1932, Trotsky aún creía que podía intentar un regreso a su patria. Así que, aunque un poco escéptico, decidió aceptar la invitación que le hizo un grupo de estudiantes daneses para ir a dictar una conferencia en la Universidad de Copenhague. Era la primera tribuna que se le ofrecía para difundir sus ideas. Entonces inició esa larga travesía a través de Europa, cuyo itinerario siguió la prensa europea mediante la difusión de una serie de rumores y suposiciones. Que una banda de asesinos enviados por Stalin lo perseguía. Que fue apresado por la policía en una estación de tren. Que lo vieron acompañado de extraños personajes. Y así.

Estas habladurías sobre su personalidad le hicieron comprender a Trotsky que el interés que suscitaría su presencia en Dinamarca podía tener una difusión que superaría largamente el espacio donde daría aquella charla a un grupo de entusiastas estudiantes daneses. Ese viaje a Dinamarca fue su primera aparición en público desde su salida de la Unión Soviética. Fue una aparición que añadió un nuevo ingrediente a la convulsionada vida política europea.

Simón Gutmann, que, aparte de simpatizar con las ideas de Trotsky, entendía la importancia periodística del hecho, no dudó en tomar la decisión de cubrir tal suceso. Tampoco dudó de que ese podía ser un trabajo para su nueva joya en bruto, para ese maestro (en ciernes) de la fotografía que tenía bajo salario (muy bajo por cierto) en Dephot.

Bandi Friedman se embarcó para Dinamarca con unos pocos centavos en el bolsillo y muchos rollos de fotografía. Llevaba un par de Leicas y el deseo de conocer a uno de sus héroes políticos. En este viaje hizo gala de su tendencia al riesgo y a la improvisación, que caracterizarían toda su vida profesional. Viajó con un *ticket* de primera clase, con su pasaporte húngaro, pero sin visa. Así que cuando aparecían los guardias aduaneros esgrimía algunos papeles, entre ellos el menú de un elegante restaurante francés que él hacía pasar por la visa danesa. A los aduaneros les parecía obvio que un viajero de primera clase debía tener todos sus documentos en orden, aceptaron el menú como si fuera un visado y lo dejaron pasar.

Una vez instalado en el lugar de la conferencia, se acercó al estrado mucho más que los demás fotógrafos, con ese descaro y desparpajo que le fue tan útil para obtener grandes resultados en sus reportajes futuros.

Trotsky estaba protegido por más de doscientos guardias armados que impedían que ningún fotógrafo o individuo sospechoso se le acercara. En ese momento la mayoría de los fotógrafos portaba cámaras de gran formato y enormes flashes de bombillas desechables que molestaban al orador, así que los ubicaron en un lugar alejado del estrado. Además, una cámara voluminosa podría esconder un arma en su interior y ese era otro riesgo que Trotsky no quería correr. Bandi no tuvo problemas. Se acercó como ningún otro fotógrafo lo había hecho antes, portando su Leica en el bolsillo y, como no necesitaba flash, su trabajo pasó desapercibido y no interrumpió el discurso del político ruso.

Trotsky comenzó su conferencia haciendo dos preguntas: primero, ¿por qué tuvo lugar la Revolución de Octubre?, segundo, ¿la Revolución ha pasado la prueba? Trotsky —que a lo largo de la charla jamás mencionó a Stalin por su nombre— martillaba su puño en el podio, gesticulaba con dramatismo y gruñía hacia la concurrencia acerca de la situación en la Unión Soviética. Fue una de las más apasionadas actuaciones de un orador, y Bandi, muy cerca del atril, administró los chasquidos de su cámara en una dramática serie de fotografías, mejores que las que ningún otro fotógrafo había captado jamás. El poder de la carismática oratoria de Trotsky quedó reflejado en esas imágenes. El periódico *Der Welt Spiegel* las publicó en varias páginas completas. Fue el más auspicioso debut para el joven fotógrafo. Su primer gran cubrimiento periodístico.

Este trabajo y su experiencia general como laboratorista y fotógrafo asistente en Dephot fueron muy importantes, porque además de proporcionarle un excelente entrenamiento personal, le permitieron descubrir las enormes posibilidades que existían en una agencia fotográfica.

París era una fiesta

La primavera de 1933, en Berlín, fue desastrosa. El ascenso de un ambicioso político austriaco, llamado Adolf Hitler, hacía muy oscuro y pesado el ambiente, en particular para aquellas personas, como el joven Friedman, cuyas pobladas cejas le daban un aspecto demasiado semita para el gusto de la nueva clase política. Por eso, la ruta de escape hacia Francia era un destino natural. Viajó acompañado por su amigo Imre Weiz *Czsiki*, quien desde su salida de Hungría fue uno de sus más permanentes compañeros de aventuras.

París era La Meca del exilio europeo en los años treinta. Los escritores norteamericanos llegaban allí aprovechando las ventajas del cambio de moneda. Con unos pocos dólares al mes, vivían felices, disfrutaban buen vino sobre la mesa y dormían en hoteles baratos. Escribían, compartían con los nuevos artistas del siglo XX, y así "París era una fiesta", como lo contó Ernest Hemingway en su libro de relatos póstumo.

Otros exiliados o, más bien, otros perseguidos por su origen racial: judíos, armenios o gitanos, o por sus ideas políticas de izquierda, o por las dos razones, llegaron a París provenientes de Alemania, Turquía y otros países del este. Europa era una zona de conflicto ideológico entre las ideas socialistas y las legiones fascistas que gobernaban en Alemania y en Italia pero que se reproducían en casi toda Europa. En París estas legiones tampoco faltaban, pero no eran tan peligrosas como las SS alemanas o los Camisas negras italianos. Por eso, los exiliados y expatriados como Friedmann desembarcaban en esta ciudad como si llegaran al paraíso prometido. Allí estaba todo el pensamiento y la sensibilidad europea. Las artes y la literatura hervían en todos los cafés y en todas las esquinas. Además, para Bandi, París ofrecía una poderosa razón adicional. La revista *Vu*, fundada en 1922, tenía su sede allí, y trabajar para esa publicación era la máxima aspiración de los fotógrafos en aquel momento.

La competencia era muy dura. La mitad de los exiliados que llegaban a París aspiraban a convertirse en fotógrafos. Ser fotógrafo era una profesión nueva, excitante, que garantizaba un mundo de aventura y viajes y que ofrecía, además, una aureola de artista moderno. El enorme crecimiento de las revistas ilustradas generaba un gran mercado para las imágenes y existía una amplia oferta de trabajo para los buenos fotógrafos.

Los primeros días en París para Bandi y Czsiki fueron básicamente una desesperada búsqueda de recursos económicos. París, como cualquier ciudad, es muy difícil para dos inmigrantes sin dinero y muertos de hambre. Y el único recurso del que disponían era pedir dinero prestado a los amigos y conocidos o visitar a la hora de la cena a una prima de su madre que estaba casada con un fotógrafo profesional de origen rumano llamado Béla Fisher. Este fue un apoyo incondicional para los dos jóvenes exiliados, pues Fisher les prestó su laboratorio y les dio dinero cuando hizo falta.

Sin embargo, conseguir un *croissant* o algo caliente para comer era toda una aventura. En cada cuadra de París hay una panadería de la cual dos veces al día sale el aroma de las *baguettes* recién horneadas. Por todo lado hay pastelerías, charcuterías y almacenes de frutas y vegetales. Aromas reunidos que, por inalcanzables a los dos amigos, sólo les recordaban su miserable situación. Por otra parte, Bandi continuaba viviendo de la misma forma como lo había hecho en Berlín: actuando de manera muy magnánima con sus amigos el día que tenía dinero y pasando hambre la semana siguiente. En todo caso, esa era la idea que él tenía de la buena vida. Y para poder mantener ese estatus, entre otras cosas, nunca pagaron el hotel donde se hospedaron. Afortunadamente, en aquellos días la ley francesa impedía a los propietarios echar a la calle a los inquilinos por falta de pago. El administrador, desesperado, los aguardaba en las escaleras para cobrar o les enviaba mensajes nada sutiles. Al final les había cortado la luz, el agua, el gas y terminó por confiscarles sus escasas pertenencias. Para atenuar la presión de su casero, los dos jóvenes pagaban algunos francos de vez en cuando, pero las más de las veces les tocaba entrar y salir quitándose los zapatos para que no escuchara sus pasos. Cuando finalmente lograba atraparlos en el rellano de la escalera, debían improvisar alguna historia acerca del tío rico de América que les iba a enviar dinero o el giro inminente que estaba por llegar de Budapest. O mencionar las falsas ofertas de trabajo o cualquier otra historia que se les ocurría en el momento.

Después de varias semanas de vivir de esta manera, sus amigos les anunciaron que habían impuesto un nuevo récord. Nadie había vivido tanto tiempo en París sin pagar el hotel. Sin embargo, fue una victoria temporal. A la larga, tuvieron que abandonar el lugar ante la amenaza por parte del dueño del hotel de que los iba a denunciar a la policía por extranjeros perniciosos. Para dos estudiantes exiliados, ambos con antecedentes políticos de izquierda, ese sí era un peligro real. Y regresar a Budapest no era una opción.

Para poder permanecer en Francia, todo extranjero debía demostrar que tenía recursos económicos provenientes de su país de origen o contar con un empleo. Uno de los muchos trucos que él y otros inmigrantes utilizaban para cumplir con este requisito era prestarse entre sí cartas de crédito con falsos envíos que les hacían sus parientes, con el compromiso —eso sí— de que dichas cartas de crédito nunca fueran cobradas.

La segunda opción, la de tener un empleo, era mucho más difícil de cumplir. Bandi recorrió las redacciones de los periódicos, las oficinas de las revistas ilustradas incluyendo su muy deseada *Vu*, enseñando su trabajo fotográfico. Pero su carpeta, salvo el reportaje a León Trotsky, no impresionaba a ningún editor. Por otro lado, su cámara fotográfica, ese símbolo de estatus que colgaba de su hombro y que era la muestra palpable de que tenía un oficio, pasaba más tiempo en la casa de empeño que en sus manos tomando fotografías.

Esa falta de seguridad económica, tantos avatares para pagarse una sopa de cebolla, le hacían sentir al joven que su vida no tenía sentido, que estaba atrapado en un mundo de pobreza del que nunca iba a salir. El horizonte era oscuro y sin posibilidades.

Entonces, como un primer paso para escapar de esta triste situación, decidió ingresar a la Asociación de Escritores Alemanes en el Exilio, AEAE. En ese entonces, Friedman todavía tenía aspiraciones como escritor y, gracias a esta asociación, pudo conocer a escritores como Alfred Kantorowicz, Arthur Koestler, Egon Erwin Kisch o Bodo Uhse. De esta manera, su círculo de amistades fue creciendo. A través de la asociación conoció a Giselle Freund, quien a la sazón estudiaba antropología y tomaba fotografías para ilustrar sus investigaciones. Ella, con el tiempo, se convirtió en una excelente fotógrafa reportera e historiadora de la fotografía. En español se consigue su muy recomendable *La fotografía como documento social*. Ella fue una de sus amigas importantes en su proceso de transformarse, de manera definitiva, de escritor a fotógrafo, aunque en todo caso, a lo largo de su vida, dejó muchos escritos: sus memorias, reportajes, notas de prensa e, incluso, algunos intentos de escribir ficción.

En ese tiempo también conoció a David Szymin, otra persona que sería fundamental para el resto de su vida. Szymin, como casi toda esa generación de exiliados, terminó cambiando su apellido por Seymour (haciéndolo sonoramente anglosajón). Sin embargo, toda su vida fue conocido por el apelativo de *Chim*. Tanto él, como Giselle Freund, una vez convertidos en fotógrafos profesionales, fueron socios de la agencia Magnum Photos.

A partir del momento en que se conocieron, y a pesar de que eran totalmente diferentes, fueron amigos inseparables. Chim era un judío practicante, muy culto y lector de Joyce, mientras Bandi no tenía el más mínimo interés en la religión y sus lecturas se reducían a las novelas de misterio. Chim, de cierta forma, afinó la mirada de Bandi al proporcionarle precisión acerca del papel del fotoperiodismo en el mundo que les tocó habitar. A esta pareja de amigos se les unió muy pronto otro influyente fotógrafo del siglo XX: Henri Cartier-Bresson. Un joven estudiante de pintura, fotógrafo desde los doce años, que gracias a sus recursos económicos (pertenecía a una acaudalada familia), podía dedicarse a afinar su visión surrealista del mundo, sin preocuparse mayormente de cómo pagar los *croissants*.

Henri Cartier-Bresson es uno de los fotógrafos cuya obra es una puesta en escena de la gramática esencial de la fotografía. Además, es el fotógrafo que hizo famosa a la cámara Leica como extensión del ojo humano y quien expresó que una buena fotografía es el resultado del "momento decisivo". Él acuñó este concepto para definir ese instante único en que el milagro fotográfico sucede. "Tomar fotografías —dijo alguna vez— significa reconocer, simultáneamente y dentro de una fracción de segundo, tanto el hecho mismo como la rigurosa organización de formas visualmente percibidas que le dan sentido. Es poner la cabeza, el ojo y el corazón sobre un mismo eje".

Ningún fotógrafo, aparte del propio Cartier-Bresson, llevaría más lejos este precepto que el propio Bandi Friedman cuando fotografió el mundo bajo el nombre de Robert Capa. Su foto sobre la muerte de Federico Borrell García es, sin duda, el momento más decisivo de toda la historia de la fotografía mundial.

Roberto Rubiano Vargas

Contra lo que se puede suponer, los temas de conversación entre este grupo de fotógrafos no era la fotografía, sino la política. Y cuando hablaban sobre fotografía no les interesaba discutir sobre la técnica, sino más bien sobre temas más conceptuales, o planificar líneas temáticas para hacer reportajes, o especular acerca de la mejor manera para llegar a los editores y, sobre todo —sobre todo para Bandi—, discurrir sobre la mejor manera de conseguir dinero. Chim tenía un ingreso pequeño, pero regular; Friedman no tenía un centavo; y Cartier-Bresson contaba con los recursos económicos de su familia, pero deseaba independizarse de ella. Aunque su educación era la de un artista, deseaba abrirse camino en las publicaciones periodísticas tan de moda en aquella década. Bandi, muy astutamente, le dijo entonces: "Si te presentas con el sello de fotógrafo surrealista, no vas a llegar muy lejos. Nunca tendrás encargos fotográficos. Para los editores serás igual que una planta ornamental. Pero si te presentas como fotorreportero, con tu calidad podrás hacer todo lo que quieras".

Fiel a esa idea de que uno debía tener una imagen en venta, Friedman pronto pasaría a tener otro nombre, el de un (supuesto) legendario fotógrafo neoyorkino.

Oportunidades y fracasos

El 6 de febrero de 1934, Bandi Friedman comenzó a trabajar como asistente del fotógrafo Hug Block, uno de los primeros que utilizó la Leica de manera profesional, que en ese momento trabajaba para las más importantes publicaciones británicas, francesas y alemanas. Gracias a sus contactos con esos medios periodísticos, Block había creado una pequeña agencia fotográfica (llamada simplemente "Agencia Hug Bock") que distribuía sus fotos y las de otros autores. Sus fotografías tenían una gran demanda en las revistas y Block necesitaba un asistente que le cargara los equipos y le procesara sus fotografías en el laboratorio, incluso, que eventualmente tomara fotos que él pudiera publicar bajo su propio nombre.

Aunque Block no se mostró particularmente impresionado con el portafolio de Friedman, de todos modos decidió contratarlo. Eso sí, lo hizo de una manera un tanto despectiva (tómelo o déjelo) y por fuera del marco de la ley. De esta forma, podía pagarle mucho menos de lo que le hubiera correspondido si hubiera hecho un contrato regular.

Ese 6 de febrero, salió a la calle para acompañar a Block en su primer encargo profesional. Había masivas movilizaciones políticas en las plazas de París. Era una época muy convulsa para la república francesa. Uno de los motivos de los disturbios de ese día era que el Consejo de Ministros había presentado su renuncia, y en la Plaza de la Concordia los manifestantes se enfrentaban a la policía atacándola con palos y cuchillos. La escena evocó en él aquellas protestas en Budapest, cuando un policía armado con un sable lo persiguió entre las mesas de los cafés cuyo resultado final fue ese precipitado exilio en el cual todavía se hallaba.

Al recordar aquello, aplaudió cuando uno de los manifestantes le rompió la cara a un oficial de una pedrada. Block, que estaba a su lado, se molestó y lo reprendió diciéndole que la función de la policía era defender al Estado y no era correcto atacarla. Bandi se encogió de hombros y siguió tomando fotografías. Más tarde, al anochecer, los manifestantes rompieron los bombillos de los postes haciendo aun más fantasmagórico el ambiente de la ciudad, como si esa noche anunciara la temporada de oscurantismo que viviría Francia en los siguientes años. Ese primer día de trabajo fue el preludio de una mala relación laboral entre Friedman y su jefe. A Block le parecía que ese Friedman era un tipo demasiado cínico, agudo y burlón y, por eso, tuvieron grandes peleas. Terminaron separándose después de algunos meses y cada uno tomó su propio camino.

En la primavera de 1934, conoció a Andrez Kertész, que era uno de los más famosos y respetados fotógrafos en Europa. Al igual que Block, Kertész pertenecía a un pequeño grupo de fotógrafos cuyo trabajo tenía una enorme demanda por parte de los editores de revistas continentales y británicas. Kertész era húngaro también y, junto con Guttman, fue parte de esa sucesión de padres y mentores que contribuyeron a consolidar la visión y la carrera de Endré Friedman-Bandi-Robert Capa.

Nacido en Budapest en 1894, Kertész consiguió su primera cámara en 1912 y uno de sus primeros proyectos fotográficos consistió en hacer un seguimiento al ejército austrohúngaro durante la Primera Guerra Mundial en una especie de documentación del día a día de los soldados. Después de la guerra trabajó como agente en la bolsa de valores y continuó publicando su trabajo a partir de 1917. Se trasladó a París en 1925 y se movió en un círculo de amigos que incluía a Mondrian, Collette, Brancussi y Man Ray, de quien hizo memorables retratos. Además del retratismo y de sus sensitivas observaciones sobre la vida de París, Kertész continuó su carrera como fotorreportero. En 1928 consiguió una Leica y comenzó a desarrollar el trabajo por el cual sería recordado. Un trabajo táctil, imperceptible y rápido. Sus fotografías eran hermosas y transmitían una poderosa intimidad e inmediatez que cautivó a los editores de prensa, pese a que la mayoría de ellos rechazaba las fotografías de formato pequeño, porque consideraban que eran muy difíciles de retocar; sin embargo, poco a poco se vieron obligados a aceptarlas al ver las dinámicas imágenes que ofrecían.

Durante los tempranos treinta, Kertész influenció a los jóvenes fotógrafos que trabajaban en París, entre ellos Cartier-Bresson, Seymour y Brassaï (uno de los primeros en desarrollar la técnica de la fotografía nocturna). Y, obviamente, también a Endré Bandi Friedman, que estaba al borde de su segundo bautizo.

Bandi comenzó a trabajar con Kertész haciendo los procesos de laboratorio, pero el resultado no fue satisfactorio. No era un buen técnico, manchaba los negativos y sus copias eran un desastre de pelusas y rayas blancas. Esta fue una maldición que lo persiguió (y que persigue a todos los fotógrafos proclives al desorden), y, como se verá más adelante, por culpa de problemas en un laboratorio sufriría uno de sus más grandes desengaños profesionales, durante el desembarco de Normandía, algunos años después.

Además, Friedman era impuntual y algo vago para el trabajo. Si llovía prefería quedarse en la cama y si no llovía también. En todo caso, a pesar de que Kertész se desilusionó por el mal oficio de Endré en el laboratorio, le agradó su calidad como fotógrafo. Así que muy pronto dejó de darle trabajo en la oscuridad del proceso fotográfico y prefirió utilizar sus habilidades con la luz. Al principio le dio encargos menores a través de pequeñas agencias fotográficas, pero, poco a poco, estos trabajos fueron ganando en importancia.

Sin embargo, el camino de su consagración estuvo marcado por graves errores, producto de esa tendencia a la molicie, de los que salió mejor librado de lo que debía, siempre gracias a su buena estrella, o sea, gracias a sus buenos amigos.

Su equivocación más grave durante esa época de aprendizaje la cometió en agosto de ese año, cuando consiguió un buen encargo de la nueva Agencia Centrale. Esta era una agencia fotográfica fundada por Kurt y Hans Steinitz, dos primos alemanes de Giselle Freund que llegaron a París huyendo del nazismo. Hans escribía las notas de prensa y Kurt se encargaba de los aspectos comerciales. Ninguno tenía conocimientos sobre la técnica fotográfica y, por eso, contrataron como laboratorista al fotógrafo húngaro Taci Czigany, quien, obviamente, era un buen amigo de Friedman. Y fue él, junto con Giselle Freund, quienes lo recomendaron para trabajar con los Steinitz. Estos no tenían recursos suficientes para pagar a un fotógrafo bien establecido y necesitaban un joven, que deseara trabajar por poco dinero y por afán de hacerse a un nombre.

Cuando conocieron a Bandi quedaron impresionados por su porte y su elegancia (así había impresionado a los aduaneros camino a Copenhague). Era el joven que andaban buscando. Un muchacho desenvuelto y con aire de triunfador. El primer (y último) trabajo que le ofrecieron fue hacer un reportaje al nuevo destino turístico francés: la costa de Saint-Tropez. Le dieron un anticipo para sus viáticos y le entregaron una cámara de placa de diez por doce centímetros, veinte portaplacas y negativos suficientes. Tomó su menaje y subió a un tren que desapareció entre nubes de vapor de la estación del este de París.

Una semana después no había ninguna noticia del joven y sonriente húngaro. Ningún reporte ni anticipo del trabajo. Los Steinitz se miraban entre sí y comenzaron a desesperarse con justa razón. Pocos días después llegaron por correo unos negativos en 35 mm sobreexpuestos o subexpuestos y en general de una calidad muy *amateur* y, por tanto, inapropiada para la venta a los medios de prensa. Un par de días después apareció Bandi con un catálogo de excusas que iban desde que la Riviera era un lugar muy caro y que los anticipos no alcanzaron para nada hasta diversas historias que incluían el robo de la cámara, el préstamo de otra cámara y más desapariciones de cámaras, excusas que, en síntesis, sólo significaban que el trabajo no había sido realizado.

Después de esta desastrosa experiencia, que en gran parte provocó la quiebra de la agencia de los Steinitz, Friedman cayó de pie, como los gatos. Muy pronto volvió a tener otra gran oportunidad de hacer un buen trabajo, gracias a otro de sus amigos.

Simón Guttman dividía su tiempo entre Zurich y Berlín. Podía moverse con cierta libertad gracias a su pasaporte húngaro. Fue a París en septiembre de 1934 a cumplir algunos encargos de fotografía publicitaria para empresas suizas. Apenas llegó buscó a su antiguo protegido, y le ofreció trabajo haciendo unas fotografías publicitarias para una firma de relojería.

Buscando una modelo para estas fotos, Bandi descubrió a una joven mujer de aspecto germano y brillantes ojos azules, a la que abordó y a quien le propuso dejarse tomar unas fotos al día siguiente en una pequeña plaza de Montparnasse. La mujer, entre escéptica e interesada ante aquel zíngaro descarado y coqueto, decidió no cumplir la cita y le propuso a su compañera de cuarto, Gerda Pohorylles, que la remplazara en la sesión fotográfica.

Este fue el primer encuentro de esta pareja, que viviría intensos momentos durante los siguientes tres años. Los últimos años que viviría ella.

Gerda era una muchacha de pelo corto, cuyo aspecto recordaba el de una actriz muy popular en ese momento, y tenía un temperamento juvenil y juguetón que no pasó por alto el joven fotógrafo. Sin embargo, la relación distaría mucho de ser amor a primera vista. Así como en su vida profesional, en su vida sentimental Endré también viviría momentos altos y momentos bajos.

El segundo nacimiento de Robert Capa

En el verano de 1934 Endré recibió una oferta de trabajo que le permitió publicar por primera vez en la revista *Vu*. Gorta, un periodista de gran olfato, muy flaco y de aspecto incisivo, que conoció en esos días, lo invitó a participar en un gran reportaje sobre la vida alemana bajo el régimen nazi. En la última semana de septiembre llegaron a Saarbrücken, una ciudad alemana cercana a la frontera francesa donde había grandes minas de cobre, y que desde la Primera Guerra Mundial estaba bajo administración francesa (con supervisión de la Liga de las Naciones). En ese mes se estaba debatiendo la posible reunificación con Alemania o su continuidad bajo la administración francesa. Gorta hacía las entrevistas a los líderes regionales, a los dirigentes mineros y a las diferentes facciones en discusión. Endré tomó las fotografías de los entrevistados y, además, hizo un gran cubrimiento de la ciudad mostrando cómo casi en todos los rincones se sentía la presencia de los militantes nazis: en los cafés, en los restaurantes, en las tiendas y hoteles. Logró imágenes conflictivas, en las cuales se veía a los nazis intimidando a sus opositores. Hizo una serie de fotos de la vida cotidiana de la ciudad, y Gorta escribió un excelente reportaje que la revista *Vu* decidió dividir en dos partes debido a su importancia. En la primera publicación (del 7 de noviembre) *Vu* dio el crédito del reportaje íntegramente a Gorta, como si los textos y las fotos fueran de él, lo cual era un evidente absurdo, pues el redactor aparecía en muchas fotografías entrevistando a personas o, simplemente, observando la escena. En la segunda parte, publicada el 21 de noviembre, los créditos ya reconocían que las fotos eran de Endré Friedman. El sueño de publicar su trabajo en la revista *Vu* se materializaba por fin.

Al promediar 1935, contaba con una buena cantidad de encargos, sin embargo, aún no le satisfacía ni la paga ni la calidad de los proyectos que recibía. Como decía el editor de la revista *Vu*, sólo era "un joven húngaro vestido con una sucia chaqueta de cuero que andaba por ahí tomando fotos". Para complicar las cosas, había otro fotógrafo húngaro que firmaba las fotos como Friedman y su calidad demeritaba las de Endré. Por eso, la necesidad de tener una firma que identificara su trabajo y lo individualizara se hacía imperativa. En aquel momento, las publicaciones identificaban el trabajo de los fotógrafos utilizando casi exclusivamente su apellido. Por eso Bandi, para diferenciarse, intentó establecerse con el nombre de *André* (cambiando el muy húngaro Endré por el afrancesado André). Alcanzó a publicar un par de reportajes bajo este nombre, más apropiado para un fotógrafo de matrimonios (categoría que todavía no existía) que para un fotógrafo periodista, pero pronto renunció a esta opción.

Debido a esta situación patronímica su novia Gerda decidió llevar a cabo una sencilla estratagema de sobrevivencia. De acuerdo con Endré, inventaron un fotógrafo de leyenda para vender sus fotos a un mejor precio y con mayor periodicidad.

Ella estaba segura de que lo único que faltaba era un ingrediente que diferenciara el trabajo de Bandi para que los editores lo apreciaran mejor. Ese fue su segundo nacimiento. Su bautizo como Robert Capa. Un fotógrafo que, según la leyenda inventada por ellos, era un rico y sofisticado norteamericano cuyo trabajo costaba tres veces más que el de ese pobre fotógrafo de origen húngaro llamado Endré Friedman.

La elección del apellido Capa se debió a que era sencillo, sonoro y recordaba al del ajedrecista Capablanca y al del popular director de cine Frank Capra. La elección del nombre de pila fue más sencilla. Simplemente lo tomaron del actor de cine Robert Taylor. En esos días Endré le escribió una carta a su madre que acababa de marcharse a los Estados Unidos: "Estoy trabajando bajo un nuevo nombre. Ahora me llamo Robert Capa. Podría decirse que es como si hubiera nacido de nuevo, pero esta vez sin causarle a nadie ningún dolor".

Al mismo tiempo, Gerda decidió cambiar su apellido de Pohorylles por el de Taro, que, a su vez, era tomado de otra persona, de un pintor japonés que vivía en París, llamado Taro Okamoto. Taro, como Capa, era una palabra corta y fácil de recordar. La pareja acababa de crear los nombres por los cuales pasarían a la historia del periodismo mundial: Robert Capa y Gerda Taro.

Esta estrategia iba a funcionar rápidamente. Bandi Friedman era un apostador y le gustaba arriesgar para obtener créditos, así que aceptó la idea. Era como una ficción que ambos protagonizaban.

Una vez concretado el bautizo, Gerda Taro se dedicó a ofrecer sus servicios a las revistas ilustradas, ella como redactora y él como fotógrafo. Las fotos de Robert Capa costaban el triple de lo que habían estado pidiendo por las mismas fotos, sólo unas semanas antes, firmadas por Endré Friedman. El primer reportaje se lo vendieron a *Vu* y a la *Berliner Illustrirte Zeitung*. Y fue más bien un golpe de fortuna.

Robert Capa había ido a cubrir una reunión de la Liga de las Naciones en Génova, donde el depuesto emperador Haile Selasie había pedido participar para quejarse del Gobierno italiano que había invadido su país y lo había destituido. Esta intervención era muy esperada por todos los periodistas. Finalmente, el día que iba a hablar Selasie, la delegación periodística italiana, con la anuencia o, más bien, con el patrocinio del gobierno de Benito Mussolini, se dedicó a sabotear el discurso del Emperador de Etiopía. Esto formó una conflicto en el palco de prensa, pues los periodistas españoles, apoyados por casi todos los demás delegados de la prensa internacional, atacaron a los italianos y el asunto terminó en una gresca monumental que le dio mayor peso a la noticia sobre Etiopía. La pelea fue muy oportunamente fotografiada por Robert Capa, que la envió para su publicación en *Vu* y en la *Berliner,* a través de su agente Gerda Taro.

Una vez recibió las fotos, el editor de *Vu* telefoneó a Gerda y le dijo que ese material que le enviaba de Robert Capa era muy interesante y se lo compró al estratosférico precio de trescientos francos. En la misma llamada le dijo que tenía un trabajito para ese muchacho Friedman "que anda por ahí tomando fotos" vestido con una chaqueta de cuero sucia. Que viniera por la mañana a su oficina para decirle de qué se trataba el encargo. Gerda no podía aguantar la risa al otro lado del teléfono al pensar que el chico Friedman, con su chaqueta sucia, estaba en Génova cubriendo los despelotes periodísticos que iba a publicar *Vu* bajo el nombre de Robert Capa.

Finalmente, el reportaje se publicó en seis páginas y fue todo un suceso periodístico que ayudó a consolidar el prestigio del legendario Robert Capa y contribuyó a sepultar a Endré Friedman el pordiosero húngaro.

Este nombre pasaría a la intimidad de su vida y, en adelante, pocas veces lo usaría. Además, para completar las ironías de su existencia, muy pronto su país sería anexado por Alemania y no volvería a tener pasaporte húngaro, porque después de la Segunda Guerra Mundial, obtuvo su carta de naturalización en Estados Unidos.

En el círculo de periodistas europeos comenzaron a preguntarse quién era ese misterioso Robert Capa. Muy pronto la estratagema se puso al descubierto, lo cual no impidió que sus nombres se impusieran y, de todos modos, les sirvieran como sello de calidad a ese fotógrafo con aspecto de galán de cine que estaba a punto de iniciar grandes cosas y a esa extraña periodista cuya figura también era la de una actriz de cine.

El arte entre las dos grandes guerras

En medio del descreimiento general que se dio entre las dos grandes guerras europeas, la sociedad estaba hastiada y los jóvenes eran quienes mejor lo percibían. Por eso, se presentaron nuevas sensibilidades ante el arte y la cultura. La fotografía y el cine eran dos artes nuevos que se prestaban para las nuevas expresiones. Ya he señalado como París era la ciudad donde hervían todas estas inquietudes y sus calles y cafés las convocaban.

Después de la Primera Guerra Mundial, con su secuela de daños materiales, el pensamiento y el arte europeos dieron un vuelco, como si la guerra hubiera catapultado las ideas renovadoras que se incubaban lentamente desde el siglo XIX.

Se ha dicho hasta el cansancio que los siglos no comienzan en su primer año sino cuando hay un rompimiento que establece nuevos ciclos. El concepto del *siglo,* como un periodo de tiempo en el que ocurren fenómenos culturales específicos, es una idea que se estableció a comienzos del siglo XIX con el romanticismo. Un movimiento que instauró en la crítica y en el arte el concepto de los cambios (o recambios) generacionales y los ciclos artísticos que, hasta entonces, no se habían definido tan estrictamente. Esta concepción romántica devino en la sucesión de movimientos de ruptura que existieron desde el siglo XIX y que tuvieron su eclosión en la primera mitad del XX.

A fines del siglo XIX, los cambios artísticos, particularmente en Europa, habían desencadenado una ruptura frente a las recientes tradiciones burguesas que se resumían en las diferentes academias de ciencias, artes y hasta las geográficas. La humanidad mutaba intelectualmente de manera veloz. Los viajeros registraban en sus libros de viaje —verdaderos álbumes entre sociológicos y anecdóticos— la existencia de rincones exóticos que comenzaban a acercarse y a cambiar la forma del mundo conocido hasta entonces. Los artistas veían el arte de otra manera. La bohemia, la sensualidad, las nuevas percepciones hacían que se hablara de nuevas corrientes pictóricas, en particular la pintura impresionista.

La fotografía había contribuido a ese cambio radical de la percepción del mundo. Concebida en un principio como un adelanto científico presentado en la Academia Nacional de Francia en 1839, muy pronto todo el mundo se daría cuenta de que su influencia iba mucho más allá de una conjunción de novedades físico-ópticas y químicas, de que comenzaba a afectar las relaciones sociales y, por supuesto, de que cambiaba la forma de entender el arte y su académica camisa de fuerza.

La fotografía liberó a la pintura de su papel documental, de su necesidad de mostrar la geografía humana, graficar las relaciones sociales o dar noticia sobre la imagen de los gobernantes.

La fotografía documentó los viajes de los exploradores, mostró las maravillas de la arquitectura, impulsó la necesidad de viajar y expandir fronteras, hizo palpable la forma física del mundo a la humanidad.

Muy pronto, la fotografía se instauró en la sociedad. Permitió que la burguesía tuviera un recurso de representación apropiado a su naturaleza de clase ascendente. El retrato fotográfico se impuso como una necesidad social y, en un principio, la noción de "arte fotográfico" estuvo ligada al oficio de retratista. La documentación fotográfica comenzó a desarrollarse poco a poco y en algún momento se creyó que su destino final era más científico que artístico. La fotografía servía a veces como motivo para que los pintores hicieran sus obras. Esto fue tan evidente que el gran fotógrafo parisino Eugene Atget prácticamente hizo toda su obra fotográfica con el objeto de que se la compraran los pintores para hacer acuarelas sobre las calles de París. Sin darse cuenta hizo una hermosa documentación, pero él pensaba que sólo eran imágenes utilitarias. Lo mismo ocurrió con la fotografía de desnudo que tampoco fue utilizada como un fin en sí misma, sino como insumo para pintores.

Por esa razón nacieron corrientes que buscaban darle a la fotografía un cariz artístico. Sin embargo, sus promotores simplemente trataban de imitar los efectos del puntillismo y del impresionismo. Fue una época de fotografías vaporosas, conseguidas mediante vaselina o gasas en la lente, que hacían indefinida la imagen fotográfica. Frente a esta tendencia surgió la fotografía directa concebida por Alfred Stieglitz a comienzos del siglo XX, que fundamentalmente proponía que la fotografía se bastara con sus propios recursos. De esta propuesta nace toda la fotografía moderna, tanto la tendencia documental, liderada por Paul Strand, August Sander o Alfred Kertész, como la paisajista y formalista, seguida por el grupo norteamericano F/64, integrado por Edward Weston, Ansel Adams y otros grandes paisajistas.

Poco a poco, en Europa la fotografía comenzó a ser utilizada en propuestas visuales inéditas. George Groz, por ejemplo, la utilizó para sus *collages* fotográficos de fuerte contenido antibelicista y antifascista. Man Ray expandió sus posibilidades utilizando solarizados y otras técnicas básicas que hoy pueden parecer elementales, pero que en su momento fueron todo un descubrimiento.

La fotografía, como hemos destacado ya, estaba de moda. Era el nuevo lenguaje que todos los pintores, escritores, viajeros, documentalistas, antropólogos y científicos querían utilizar y domeñar.

El movimiento surrealista, el más importante proceso intelectual entre las dos guerras, estaba en pleno apogeo. La fotografía era un gran recurso para los artistas que formaron parte del movimiento. Man Ray hizo de la fotografía la técnica mediante la cual el surrealismo se expresó plenamente.

Friedman, Cartier-Bresson y David Seymour formaban parte de esta armada de artistas, fotógrafos y escritores, que impulsaban esa ebullición intelectual.

En el caso de Bandi resulta evidente que se nutrió de todas las corrientes de comienzos de siglo. Desde el cubismo hasta el efímero futurismo. Le impactó el constructivismo ruso y, por supuesto, el impresionismo alemán. Aprendió a aplicar toda esa concepción, más o menos abstracta del arte, al uso realista propio de la fotografía. Bandi —una vez transformado en Robert Capa— aplicó todas esas teorías estéticas a la práctica foto-documentalista. Al hacer sus fotos hacía contrapicados (tomas desde el piso) mediante los cuales exaltaba la figura humana. Hacía barridos que le daban movimiento a las escenas y, sobre todo, se acercaba a los sujetos de sus fotografías. Comenzaba a aplicar su precepto de que "si tus fotos no son muy buenas es porque no estuviste suficientemente cerca". En síntesis, toda su propuesta visual y noticiosa se basa en la estética propuesta por las vanguardias europeas del siglo xx. Ellas dan la forma a sus fotos. Pero es su pensamiento liberal y socialista el que lo llevó a buscar los temas que la gente necesita ver para comprender el mundo en el que vive. Conocer sus injusticias y las inhumanidades.

Bandi (Robert Capa) es el resultado de esa combinación de factores individuales y la gran eclosión cultural de la cual fue testigo excepcional.

Su aprendizaje fue integral. Aprendió la fotografía mientras se la inventaba. Estableció los parámetros de la narrativa fotográfica mientras se ganaba el pan de cada día. Claro que no fue un hecho fortuito, se debió a su aprendizaje con maestros como André Kertész y, por supuesto, a su mentor Simón Guttman. En su tiempo, la fotografía no había llegado a los niveles de especialización que hoy tiene. Él hizo fotografías para artículos turísticos, hizo fotografías publicitarias, hizo foto fija para películas y en un par de ocasiones fue operador de cámara. Su visión como fotógrafo no era tan parcializada como lo es en la actualidad, cuando se ha especializado tanto el oficio. Él registró el mundo y sus valores. Registró con ojo de entomólogo la actuación de los seres humanos. Fotografió el primer eslabón de la cadena del poder así como el eslabón final y sus consecuencias. El lugar donde las personas comunes sufren los resultados de las decisiones tomadas muy lejos de ellas. El sufrimiento que causa el poder.

Aprendió la gramática de la fotografía al mismo tiempo que escribía sus reglas. Él, junto a los grandes fotógrafos con los que estudió, a los que protegió más tarde, sentaron las bases estéticas sobre las cuales se desarrolló la fotografía a lo largo del siglo XX. Por eso, su vida está estrechamente ligada a la historia de la fotografía y su desarrollo.

La Guerra Civil Española

En 1936 había estallado en España un levantamiento militar en contra del Gobierno legítimo de la República. Era un Gobierno de corte izquierdista que pretendía hacer reformas a fondo en la sociedad ibérica. España era un país con enormes contradicciones políticas. Con una monarquía depuesta, un movimiento anarquista muy poderoso, profundas raíces católicas y un conflicto étnico aún no resuelto entre los españoles de origen europeo y sus ciudadanos provenientes de las culturas del Medio Oriente.

Cuando Francisco Franco, comandante del Ejército, se levantó en nombre de la monarquía y desconoció la legalidad del Gobierno, no hizo sino tomar partido por una de las corrientes que estaban tomando fuerza en toda Europa. Hitler era una amenaza cada vez más real y él fue el apoyo oculto que tuvo Franco en su levantamiento. De hecho, la Luftwaffe (Fuerza Aérea Alemana) realizó bombardeos sobre las ciudades españolas, a manera de ensayo general para la guerra por venir, bombardeos que incluyeron la infame destrucción del pueblo de Guernica, que terminó siendo el icono de la barbarie franquista.

Robert Capa visitó España por primera vez en 1935, cuando recibió el encargo de hacer un cubrimiento de tipo turístico. Reportajes que fueron publicados por *Vu* y la *Berliner Illus-*

trirte Zeitung. Después de concluir estos trabajos, que fueron muy bien vendidos por su representante Simón Guttman, Capa decidió quedarse todo el verano de 1935 escribiendo una novela y disfrutando la vida española, su comida y sus celebraciones. Este conocimiento sobre el país sería fundamental para decidir su participación casi militante en la Guerra Civil Española. La República encarnaba los anhelos de todas las corrientes democráticas y progresistas en aquel momento de ascenso de las oscuras fuerzas fascistas y nacionalsocialistas. Era un estandarte para defender.

Por otra parte, España fue el escenario de una gran cantidad de experimentos militares (la Luftwaffe probó sus famosos Stukas), y el periodismo hizo el primer cubrimiento moderno de un conflicto militar. Fue la primera guerra cubierta día a día con los más modernos recursos informativos. Los noticiarios cinematográficos, que eran las más modernas versiones del periodismo audiovisual, cubrieron con lujo de detalles todos los aspectos de la guerra. Y documentalistas como Joris Ivens, apoyado por un escritor como André Malraux, hizo el documental *La tierra española*.

Al mismo tiempo, los más famosos periodistas se dieron cita en sus trincheras. Basta ver la lista de escritores que estuvieron cubriendo los detalles de las batallas, los horrores de los bombardeos y el proceso de destrucción de un gobierno legítimo a manos del ascendente franquismo, de hondas raíces derechistas. Entre ellos estuvieron Ernest Hemingway (que, además de sus notas de prensa, escribió una de sus novelas más conocidas: *Por quién doblan las campanas*), John Dos

Passos, Arthur Koestler, Ilya Ehrenburg, Pablo Neruda, Herbert Mathews y prácticamente todos los fotógrafos de renombre.

Gracias a las gestiones de Gerda Taro, Capa consiguió el encargo de cubrir los asuntos de la guerra para varias revistas, entre ellas *Vu*, *Regards* y *Ce Soir* de Francia, *Weekly Illustrated* de Londres y *Life* de Estados Unidos. De hecho, su famosa foto de Borrell García en Cerro Murriano, se publicó por primera vez en *Vu* y meses después en *Life*, iniciando una larga serie de reimpresiones hasta convertirse en una de las fotos de guerra más reproducidas durante el siglo xx.

Esta y sus demás fotografías formaron parte de ese enorme volumen de imágenes que registraron la guerra española. Los rostros de las mujeres en Bilbao huyendo de los bombardeos, los milicianos en las trincheras esperando el ataque de las fuerzas franquistas, los rostros de la derrota con los integrantes de las Brigadas Internacionales despidiéndose del país.

Para Robert Capa, estar en España en ese momento no sólo significó un pico de su vida profesional, sino, además, una manera de participar activamente a favor de una causa en la que él creía fervientemente. En eso no se diferenciaba de la gran mayoría de periodistas presentes que habían tomado partido en defensa de la legalidad democrática en contra de la intolerancia fascista y franquista.

Capa y Gerda hicieron equipo para ir a cubrir la Guerra Civil. Tenían dos cámaras, una Leica y una Rolleifex (que usaba Gerda). Ella había estado aprendiendo fotografía y estaba lista para hacer su debut como fotógrafa profesional. A partir de ese momento, no sólo iba a hacer las notas de prensa y a fungir de agente de ventas, sino también a tomar fotografías. Poco antes de su partida hacia España, Julia, la madre de Robert, llegó a París procedente de Nueva York. Para ella era evidente que una guerra a gran escala se estaba preparando y no quería a su familia envuelta en ese caos. Quería recoger a Kornel, el hermano menor de Robert Capa, para llevárselo con ella a Nueva York a que estudiara medicina. Kornel ya se interesaba por la fotografía y le había hechos algunos trabajos de laboratorio a su hermano. Con el tiempo también adoptaría el apellido Capa (pasó a llamarse Cornell Capa) y se haría cargo de las acciones de su hermano en Magnum Photos al morir éste. Actualmente sigue siendo el depositario de la obra de Robert Capa. Jamás estudió medicina. Pero, en aquel momento, la reunión familiar trataba de que todos se fueran a Nueva York. Sin embargo, Robert se mantuvo firme en su proyecto de viajar a España.

 A Julia la intención de su hijo de ir a cubrir la guerra española le horrorizaba sobremanera. Por otro lado, no logró entenderse bien con Gerda. Y, pese a sus protestas, en agosto de ese año partieron hacia allá. Lucien Vogel, de la revista *Vu*, que planeaba hacer un número especial sobre España, organizó un vuelo en el que llevaba a varios periodistas. El viaje fue fatal. El avión sufrió problemas mecánicos y terminó por hacer un aterrizaje de emergencia —en realidad, prácticamente se estrelló— en un campo de cultivo no muy lejano de Barcelona. El inicio de la aventura española no pudo ser peor para Capa y Gerda.

Finalmente, arribaron a esta ciudad el 5 de agosto, dos semanas y media después de que se hubiera oficializado la guerra. La urbe que Capa había conocido en 1935 había cambiado. De una ciudad burguesa y tranquila se había transformado radicalmente. Las fábricas, tiendas, restaurantes y demás negocios estaban a cargo de sus empleados. Los gerentes y personal ejecutivo debía colaborar a la fuerza. La Confederación Nacional de Trabajo, CNT, una organización sindical controlada por los anarcosindicalistas, era el poder real en Barcelona. Era una de las facciones en pugna que apoyaban al Gobierno de la República española. Sin embargo, estaban enfrentados con el Partido Comunista (que bajo las órdenes de Stalin tomaba decisiones erráticas y oportunistas) y otras organizaciones políticas de izquierda que, a su vez, tampoco estaban de acuerdo.

Durante las primeras semana en Barcelona el trabajo de Capa y de Gerda no pasó de fotografiar la vida cotidiana de la ciudad. La primera batalla en la que participaron, que fue relatada por él en su libro *Death in the Making*, fue la de Santa Eulalia:

> Un pueblo como hay muchos en España (...). El enemigo permanecía oculto al otro lado del barranco. Los defensores del pueblo, soldados, campesinos, jóvenes profesionales, alguna que otra mujer, permanecían desprotegidos entre los maizales; en un país sin tradición militar se desconocía el arte de hacer trincheras... se oía el silbido de las balas, pero no se divisaba al enemigo.

Poco a poco, Capa y Gerda continuaron avanzando por el frente de Aragón, fotografiando campamentos militares y refugios improvisados en los que el Ejército Republicano mantenía sus posiciones. Capa prefería fotografiar las victorias republicanas, pero era evidente que el ejército de Franco, mejor armado, y financiado por los gobiernos fascistas de Alemania e Italia, ganaba terreno y las noticias así lo consignaban.

Capa y Gerda hicieron innumerables reportajes. Bilbao, Teruel, Barcelona. En ellos intentaron siempre mostrar el lado valeroso de los ibéricos. Ellos, como la gran mayoría de periodistas y escritores destacados en España, militaron a favor del pueblo español y, como el pueblo español, perdieron. Por eso, muchas veces fue criticado. Capa no creía en la neutralidad del periodista. Él sabía que el periodista no es neutral. Que muestra siempre la visión de uno de los lados del conflicto. Y sus fotografías, evidentemente, estaban del lado del pueblo español. Siempre estuvo en sus trincheras y compartió sus raciones de guerra, durmió en sus refugios y se transportó en sus camiones desvencijados.

En una nota que escribió para el *World-Telegram* explicó su posición como fotógrafo en España: "No hay necesidad de hacer trucos para tomar fotografías en España. Usted no tiene que hacer posar su cámara (ni, por supuesto, hacer posar a los protagonistas de sus fotos). Las imágenes están ahí y usted sólo tiene que tomarlas. La verdad es la mejor fotografía, la mejor propaganda".

Cerro Murriano

En el mismo instante en que Federico Borrell García cayó en el yermo suelo de Cerro Murriano comenzó la leyenda de Robert Capa. La fotografía apareció por primera vez en la revista *Vu*, entre muchas otras, en una doble página, cuyo título escueto era "La Guerre Civile en Espagne". Meses después *Life* la reprodujo abriendo un artículo (julio 12 de 1937), cuyo destacado rezaba "Death in Spain: the civil war has taken 500,000 lives in one year". En ella vemos cómo el miliciano Borrell García suelta el rifle y comienza a desplomarse, víctima del impacto de la bala. Como ya mencioné, la foto forma parte de una secuencia que Robert Capa estaba haciendo esa mañana, con un fin entre periodístico y propagandístico.

Ya he señalado que Capa tenía fuertes inclinaciones políticas de izquierda y, por tanto, era un simpatizante abierto del Gobierno de la República española. Tal vez por esas razones llegó a pensarse que la foto era un truco propagandístico para favorecer de alguna forma a la República y promoverse como reportero. En los años setenta existió la creencia de que la foto era producto de un truco y que no se sabía quien era el miliciano muerto. Sin embargo, esta leyenda poco a poco se fue disipando y cuando se conoció el nombre y el lugar y la confirmación documentada de la muerte de Borrell, estuvo claro que esa enorme casualidad de la historia de la fotografía había sido real.

La oscuridad alrededor de esta fotografía se debió al silencio que mantuvo Capa alrededor del hecho, pues en parte se sintió culpable de la muerte del miliciano. Él creyó que si no hubiera decidido hacer aquellas fotografías tal vez Borell seguiría vivo. A diferencia de otros reportajes, cuyo anecdotario él mismo se encargó de aumentar y corregir, en esta ocasión, más bien, fue excesivamente discreto.

En todo caso, el lugar del combate queda a doce kilómetros al norte de la ciudad de Córdoba, la reseña militar de la acción existe (septiembre 6 de 1936) y el miliciano era una persona cierta: Federico Borrell García (obrero textil de veinticinco años). Su fallecimiento está registrado en los Libros de Defunción del Registro Civil de Alcoy.

En un reportaje del *World-Telegram* de Nueva York, basados en las declaraciones de Capa, un periodista reconstruyó la historia de Cerro Murriano de esta manera:

> [Capa y el hombre que iba a ser fotografiado] estaban en el frente de Córdoba, Capa con su preciosa cámara y el soldado con su rifle. El soldado estaba impaciente. Esperaba regresar tras las líneas republicanas. De vez en cuando subían sobre los sacos de arena. Cada cierto tiempo tenían que retroceder ante la advertencia del tableteo de una ametralladora. Finalmente, el soldado refunfuñando algo acerca de una buena oportunidad saltó sobre la trinchera donde Capa estaba agazapado. La ametralladora tableteó y Capa automáticamente disparó la cámara. Dos horas después, mientras oscurecía y las ametralladoras enemigas seguían allí, el fotógrafo cruzó las líneas en busca de un lugar seguro. Sólo más tarde des-

cubriría que había tomado la mejor foto de acción de la Guerra Civil Española.

Hansel Mieth, que fue fotógrafa de planta de *Life* a finales de los años treinta, escribió alguna vez que Robert Capa, muy turbado, le había contado las circunstancias en las cuales había hecho su famosa fotografía de otra manera:

La patrulla de soldados estaba deambulando sin una dirección definida. Estábamos de buen humor. No había disparos. Corrían ladera abajo. Yo corría también mientras hacía fotos.

—¿Le dijiste que simularan un ataque? —preguntó Mieth.

—¡No, claro que no. Estábamos todos contentos. Un poco locos, quizá.

—¿Y después?

—Después, de improviso, la cosa se puso seria. Yo no escuché los disparos, al menos los primeros.

—¿Dónde te encontrabas?

—Fuera, en una posición un poco avanzada y lateral respecto a ellos.

A continuación, Capa le contó a Mieth que aquel episodio le torturaba de mala manera: "Con esto implícitamente decía que se sentía, al menos en parte, responsable de la muerte de aquel hombre —un sentimiento que él naturalmente no deseaba hacer público— de modo que había alterado diversos detalles en sus numerosos relatos de las circunstancias en las que había hecho aquella fotografía". Termina de explicar Hansel Mieth.

El caso de Cerro Murriano resulta ejemplar. No pocas veces en la historia de la fotografía se han puesto en tela de juicio la autenticidad de ciertas imágenes. Recientemente se demostró que la famosa imagen de Robert Doesnou de la pareja besándose en una calle de París era un montaje. Pero si lo era, ¿tiene alguna importancia? Pierde efectividad la foto que transmite la emoción de una ciudad como París famosa por sus posibilidades druídicas para el romance y el amor. Es posible que no. En cambio, la foto del miliciano tiene la importancia de lo definitivo, de lo que ya no puede ser cambiado. Es la muerte de un hombre. Y, como dijo David Bowie, siempre conviene acercarse a un cadáver para entender nuestra propia importancia.

Richard Whelan, que es el autor de la única gran biografía sobre Robert Capa y colaborador de *ARTnews, Art in América* y otras importantes publicaciones de arte, quiso salir de dudas acudiendo a un especialista: el capitán Robert L. Franks, inspector jefe de la Brigada de Homicidios del Departamento de Policía de Memphis.

Sobre los resultados de esta consulta, Whelan escribió:

> El capitán, valorando la foto, se sorprendió por el hecho de que el hombre se encontrara en posición erecta y con los pies bien plantados en tierra en el momento en que fue herido. Claramente no estaba caminando cuando fue herido.
>
> ¿Esta foto fue posada?, le pregunté. Pienso que no —respondió el capitán—, basándome en (según mi experiencia o lo que yo sé) *the human reflex response*, se nota que la mano izquierda del soldado, que se ve parcialmente por debajo de su pierna izquierda,

está en una posición semicerrada. Si la caída hubiese sido, en efecto, posada, la mano habría estado abierta para detenerla (un simple reflejo de autoconservación para evitar hacerse daño). El capitán Franks me dijo en el curso de la conversación que el hecho de que los dedos estuvieran vueltos en dirección a la palma indica que los músculos de la mano estaban fuera de uso y que el hombre estaba ya muerto. Es casi imposible para cualquiera que está consciente resistir el impulso reflejo de atenuar una caída flexionando la mano con fuerza hacia delante a la altura de la muñeca, con los dedos decididamente extendidos hacia fuera. Sólo un experto —no un simple soldado español— podía comprender que un detalle así es una prueba decisiva.

Ese día de rutina en Cerro Murriano transformó totalmente a Robert Capa. No fue su bautizo de guerra, pero si un día consagratorio. Gracias a esa fotografía, a ese "instante decisivo" como diría su amigo Cartier-Bresson, Robert Capa no sólo pasó a ser considerado el más importante fotógrafo de guerra, sino que se convirtió en una leyenda viva del periodismo.

La muerte de Gerda Taro

El sábado 24 de julio de 1937 las tropas franquistas atacaron a los republicanos cerca de Brunete. Gerda Taro estaba en la zona y debía regresar a París al día siguiente, así que decidió que ese día era su última oportunidad de tomar fotos de la batalla que se desarrollaba desde hacía unos días, con los republicanos tratando de recuperar la ciudad y los rebeldes de Franco contraatacando. Según la descripción del periodista Herbert Mathews, ese sábado fue un día de "enorme violencia". Los franquistas machacaron a los republicanos con artillería, aviación y tanques. Los oficiales republicanos no querían que Gerda estuviese cerca de estos combates tan feroces, pero ella insistió en estar allí. En un momento dado, mientras fotografiaba a la aviación alemana que participaba en la batalla, su cámara brilló y uno de los aeroplanos, guiado por el reflejo, atacó la posición donde ella estaba. La ráfaga de metralla pasó a pocos centímetros de su frágil figura, pero ella, en lugar de esconderse, aprovechó para fotografiar las hilera de explosiones de las balas. Al finalizar el día tenía una buena cantidad de fotos que ilustraban la batalla y, lo que era más importante, imágenes de los aviones alemanes participando en la guerra y rompiendo los acuerdos internacionales de no intervención en los asuntos internos españoles.

Estas fotografías la tenían muy contenta (fueron publicadas en *Regards* a la semana siguiente), según comentaría el camarógrafo Ted Allan. Ella quería regresar a Madrid y celebrar con una botella de champaña por las mejores fotografías que había tomado jamás, y luego continuaría su viaje, como estaba previsto, a París.

Gerda y Ted Allan hicieron el viaje de regreso tomando fotografías parados en los estribos del vehículo en el que viajaban, a la manera de las películas de gángsters, tan de moda en aquel momento. De repente, un tanque republicano fuera de control arremetió contra el auto. El chofer no pudo controlar el vehículo que se salió de la carretera, se volteó y arrastró a los dos fotógrafos envueltos entre el polvo y las latas retorcidas. Gerda alcanzó a ser llevada al hospital norteamericano en El Escorial, donde los médicos la operaron durante la noche. Sus heridas eran muy graves y, probablemente, hubiera quedado paralítica en caso de haber sobrevivido. Murió a las seis de la mañana del lunes 26 de julio.

Al siguiente día, mientras hacía turno en la sala de espera del dentista, Robert Capa abrió un ejemplar de *L'Humanité*, y en la columna de reportes breves desde España leyó esta breve nota: "La periodista Francesa, la señorita Tarot *(sic)*, fue reportada como muerta durante un combate cerca de Brunete". Capa leyó todo el reporte, en el cual, de todos modos, se afirmaba que sólo era un rumor. Capa salió corriendo en busca de información fidedigna, pero no pudo saber nada hasta el anochecer, cuando el escritor Louis Aragon, que se ocupaba de las relaciones públicas de la República española en Francia, lo llamó y le confirmó que lamentablemente la noticia era cierta.

Roberto Rubiano Vargas

La familia de Gerda decidió que el funeral se llevaría a cabo en París y pidió que trajeran su cuerpo. Sin embargo, en aquel tiempo y bajo las condiciones de conflicto que había en España, tal cosa era difícil. Finalmente, después de una serie de incidentes fronterizos y varios días de espera, el cuerpo de Gerda llegó a París y su funeral fue el 31 de ese mes. El mismo día que hubiera cumplido veintiséis años de vida. Muy joven para morir, murió como morirían después de ella innumerables periodistas a lo largo y ancho de los conflictos que periódicamente nacen en las cuatro esquinas del planeta desde entonces. *Life* consideró que era la primera mujer fotógrafa muerta en un campo de batalla, así su muerte se hubiera producido en la periferia de la zona de combate y básicamente en un accidente de tránsito.

Capa se encerró en su casa a beber y a lamentarse por haber arrastrado a Gerda a compartir un oficio donde el riesgo de perder la vida, como acababa de confirmarlo amargamente, era una posibilidad real. Sus amigos trataban de sacarlo de su encierro pero sólo salió para ir de viaje a visitar a su madre, que vivía en Nueva York.

Capa viajó a Estados Unidos por primera vez como una forma de consolarse por la muerte de Gerda. El objetivo primario era visitar a su madre, que ya había conseguido sus documentos de residencia. Sin embargo, el viaje también tuvo ciertos beneficios para su vida profesional. Estaba muy descontento con el manejo que hacía de su trabajo la agencia Black Star, que lo representaba ante los medios norteamericanos. Aprovechó para reunirse con los directivos de la revista

Life para que le garantizaran un mínimo de páginas en cada edición de la revista.

A los editores de *Life* les gustaba la concepción que tenía Capa de la historia fotográfica, así como el buen ojo en la elección de los temas y de los ángulos de la noticia. Pero uno de los reparos que le hicieron fue que sus fotografías de interiores tenían problemas técnicos porque Capa no utilizaba nunca el flash, algo que en ese momento incluso él mismo consideraba un defecto, pero que, años después, los fotógrafos de prensa descubrirían que era un valor artístico agregado. De hecho, la ausencia de flash es uno de los sellos personales de la obra fotográfica de Capa hasta ese momento.

Capa no se sentía cómodo al usar los antiguos sistemas de flash de bulbo: unos incómodos reflectores activados por pesadas baterías que colgaban del cinturón y cuya bombilla de magnesio era desechable, sólo duraba un disparo y tocaba botarla muy caliente (provocaba quemaduras en la piel) y luego había que colocar una nueva, antes del siguiente disparo. Los actuales sistemas compactos de flash, que duran millones de disparos, estaban lejos de ser inventados. Por eso, Capa aprovechó la presencia de André Kertész, que estaba pasando un año en Nueva York, para pedirle que le enseñara todos los trucos del uso del flash. Se encerraron en una bodega-estudio, donde Capa hizo todas las pruebas necesarias para no volver a sufrir ninguna deficiencia con el uso de la luz artificial.

Aparte de fortalecer sus relaciones de trabajo con *Life*, otro importante motivo de su permanencia en Nueva York consistió en la publicación del libro *Death in the Making*, con fotografías suyas y de Gerda, así como testimonios personales acerca de la guerra española. En la publicación estuvo muy involucrado André Kertész y la edición estuvo dedicada a la memoria de Gerda Taro.

China, la guerra entre el cine y la enseñanza

El río Yang Tse-Kiang arrastraba restos de construcciones, cañones y cadáveres uniformados. Básicamente soldados japoneses. Robert Capa, a bordo de un precario bote fotografiaba los restos que arrastraba la inundación. Estaba haciendo las fotos que publicaría *Ce Soir* en su edición de mayo 25 de 1938. La noche anterior el Ejército chino había librado la batalla decisiva de la Guerra Chino-Japonesa cerca del poblado de Hankow. El general Chang Kai-Shek, junto a su estado mayor, había decidido dinamitar los diques que represaban el río Yang Tse-Kiang, para inundar los campamentos principales del Ejército japonés que había invadido a China desde hacia varios años, por lo cual el pueblo chino llevaba a cabo una sangrienta guerra de liberación nacional que aún duraría mucho tiempo. Dinamitar aquellos diques fue una maniobra desesperada y terrible. Las consecuencias para el Ejército japonés fueron letales, pero también para la población china. Los muertos se contaban por millares, los daños materiales eran enormes. En un país tan pobre, una medida como esa parecía un grave error y probablemente lo fue. El Ejército chino, acaudillado por Chang Kai-Shek, logró inclinar la balanza a su favor, pero a la larga, como se vería más tarde, el gran ganador de la guerra sería el Ejército Rojo, al mando de un comandante guerrillero que devendría en un ícono del siglo XX: Mao Zedong.

La noche anterior, Robert Capa estaba a pocos kilómetros del lugar filmando una película con el documentalista Joris Ivens. Había entrado a China como parte del equipo de rodaje y sus posibilidades de desplazamiento hacia las zonas de guerra eran muy limitadas. Llevaba pocas semanas en China y estaba harto de que lo trataran como un espía o, en todo caso, como un extranjero sospechoso. Además, estaba harto de no poder hacer reportajes, y su trabajo en la película apenas le reportaba un modesto pago como viáticos. Él había aceptado esos términos sólo por ir a China y, por tanto, se sentía muy frustrado por no poder viajar por su cuenta. Por eso, había aceptado entrenar a un grupo de fotógrafos chinos para que aprendieran a cubrir las noticias, y así sentirse útil.

Después de dejar atrás la guerra española o, más bien, de hacer un paréntesis, porque después de China regresaría a fotografiar la retirada de las Brigadas Internacionales. Capa se encontraba entre varios proyectos. Todavía tenía la tentación de dedicarse al cine y, por eso, aceptó unirse a un equipo de filmación. La película era *The Four Hundred Millions*, cuya filmación se inició en Hankow con madame Chang Kai-Shek recibiendo un cheque donado desde EE. UU. para auxilio humanitario. Capa era asistente del camarógrafo, pero Ivens no había mencionado a las autoridades del Kuomitang (el grupo político nacionalista que controlaba la región donde estaban filmando) que, además, era un fotógrafo independiente con encargos profesionales para diversas publicaciones internacionales.

Capa había iniciado este viaje después de cubrir la batalla de Teruel. Las fotografías obtenidas allí fueron saludadas con grandes aspavientos por los comentaristas internacionales. Fue otro de sus reportajes consagratorios que, sin embargo, no mejoraban su estado financiero ni su prestigio profesional. En la vida privada seguía siendo considerado un periodista de rango menor. En el rango mayor estaban, obviamente, las grandes firmas, como Hemingway o Malraux.

Abordó en Marsella un barco con nombre de mosquetero: el *Aramis*. Iba acompañado de dos ilustres, y aún jóvenes, intelectuales: el poeta W. H. Auden y el novelista Christopher Isherwood, que le parecieron serios y distantes. A su vez, a ellos Capa y su acompañante, el director de fotografía de la película, John Fernhout, también les parecieron muy difíciles. "Fernhout es holandés, igual de salvaje que Capa, pero ligeramente menos ruidoso," comentó Isherwood en su escrito sobre ese viaje. Durante su estancia en China se encontrarían muchas veces más.

Capa contaba con poco dinero, como siempre. Pero, como siempre, algún amigo vino en su ayuda. En este caso, fue Ernest Hemingway el que le prestó doscientos dólares para el pasaje del barco. Hemingway había trabajado con Ivens en un documental llamado *La tierra española*. La República española hermanaba todos estos nombres, y China, en ese momento, parecía ser el nuevo frente de batalla entre la democracia y la tiranía. La guerra en China se consideraba una derivación de la guerra española, de ahí el interés de intelectuales como Ivens, Hemingway y Malraux.

En una carta que escribió a Arthur Koestler, mencionó su trabajo con aquel grupo de aprendices chinos e hizo una reflexión acerca de la necesidad de crear una organización fotográfica que cobijara a fotógrafos expertos y jóvenes aprendices. En China (aunque no hay mucha documentación al respecto), Capa hizo una especie de largo taller de periodismo gráfico con un grupo (tal vez 6) de jóvenes fotógrafos locales. Un militar norteamericano destacado en China hablaba de *"Capa and his gang"* (Capa y su pandilla) para referirse a este grupo de entusiastas estudiantes. Lo cierto es que, aparte de sus estupendos reportajes sobre China y su conflicto, Capa dedicó mucho tiempo a la formación de sus aprendices y a la película de Ivens que, a su vez, tuvo muchas dificultades de filmación, pérdidas de material en el revelado, etc.

El equipo de rodaje estuvo detenido durante seis semanas por madame Chang en Hankow. Finalmente, el 1 de abril, a las seis de la tarde, el grupo, con sus cámaras, asistentes, espías y comisarios de control, subió a un tren artillado que lo llevó al frente de batalla en Suchow. En alguna de sus crónicas, Capa definiría la Guerra Chino-Japonesa como la de las líneas de ferrocarril. La estrategia de los japoneses para dominar China giraba alrededor de la idea de controlar todas las líneas de ferrocarril y, por tanto, el viaje era bastante azaroso. Hicieron el trayecto durante toda la noche y al día siguiente fueron recibidos por un bombardeo aéreo.

Mientras estaba en Hankow, las condiciones técnicas del laboratorio fotográfico donde trabajaba le hicieron arruinar uno de sus mejores reportajes. Una historia acerca de los pes-

Robert Capa

Retrato de Robert Capa utilizado por
Picture Post *para introducir un artículo sobre la Guerra Civil Española
en su edición del 3 de diciembre de 1938.*

Álbum fotográfico

Robert Capa

"*Muerte de un miliciano*" considerada como la foto emblema de la Guerra Civil Española. *En 1998 se demostró que el nombre del miliciano era Federico Borrell García "Taino", valenciano y perteneciente al Batallón de Alcoy. Muerto en el Cerro Murriano el 5 de septiembre de 1936.*

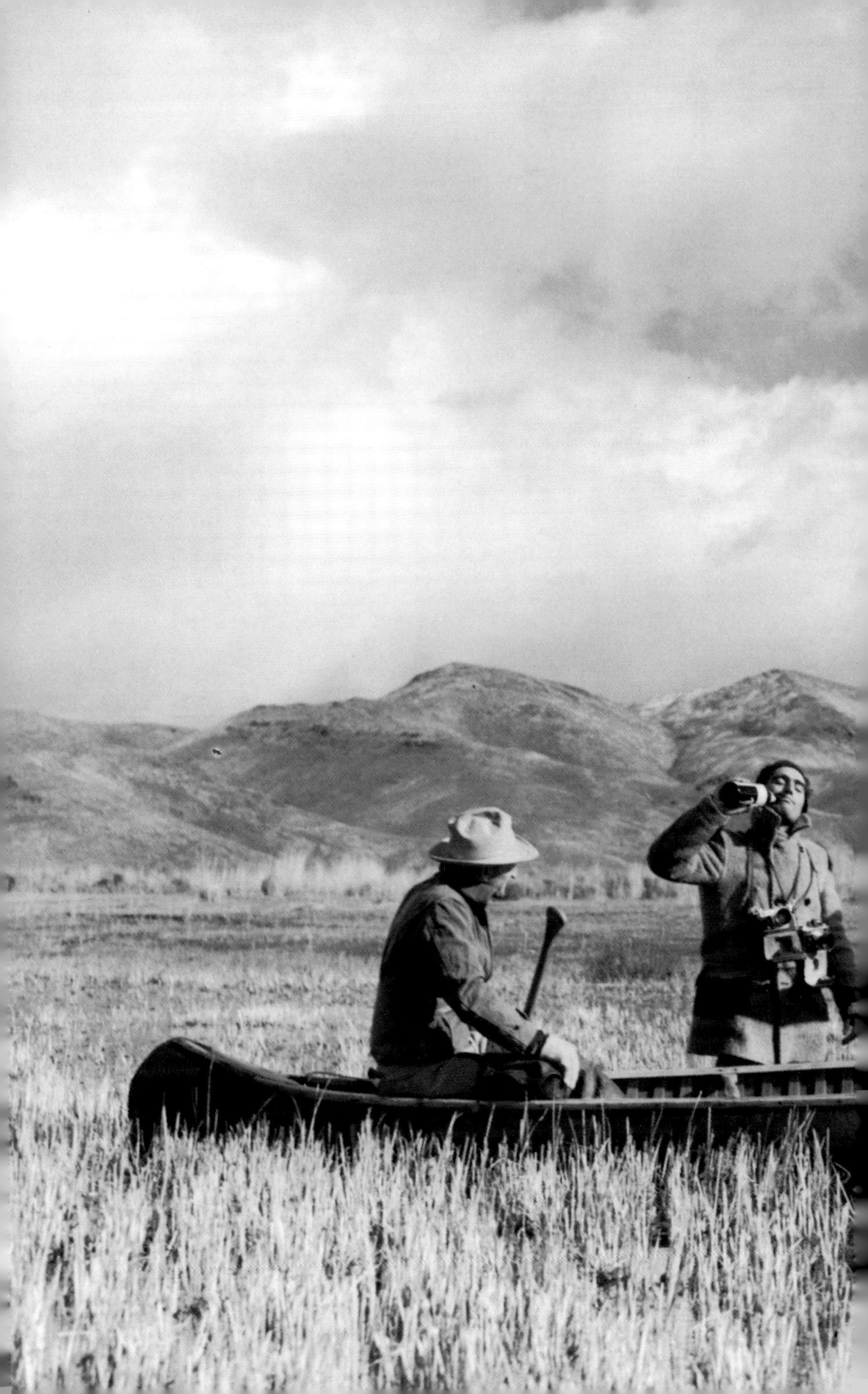

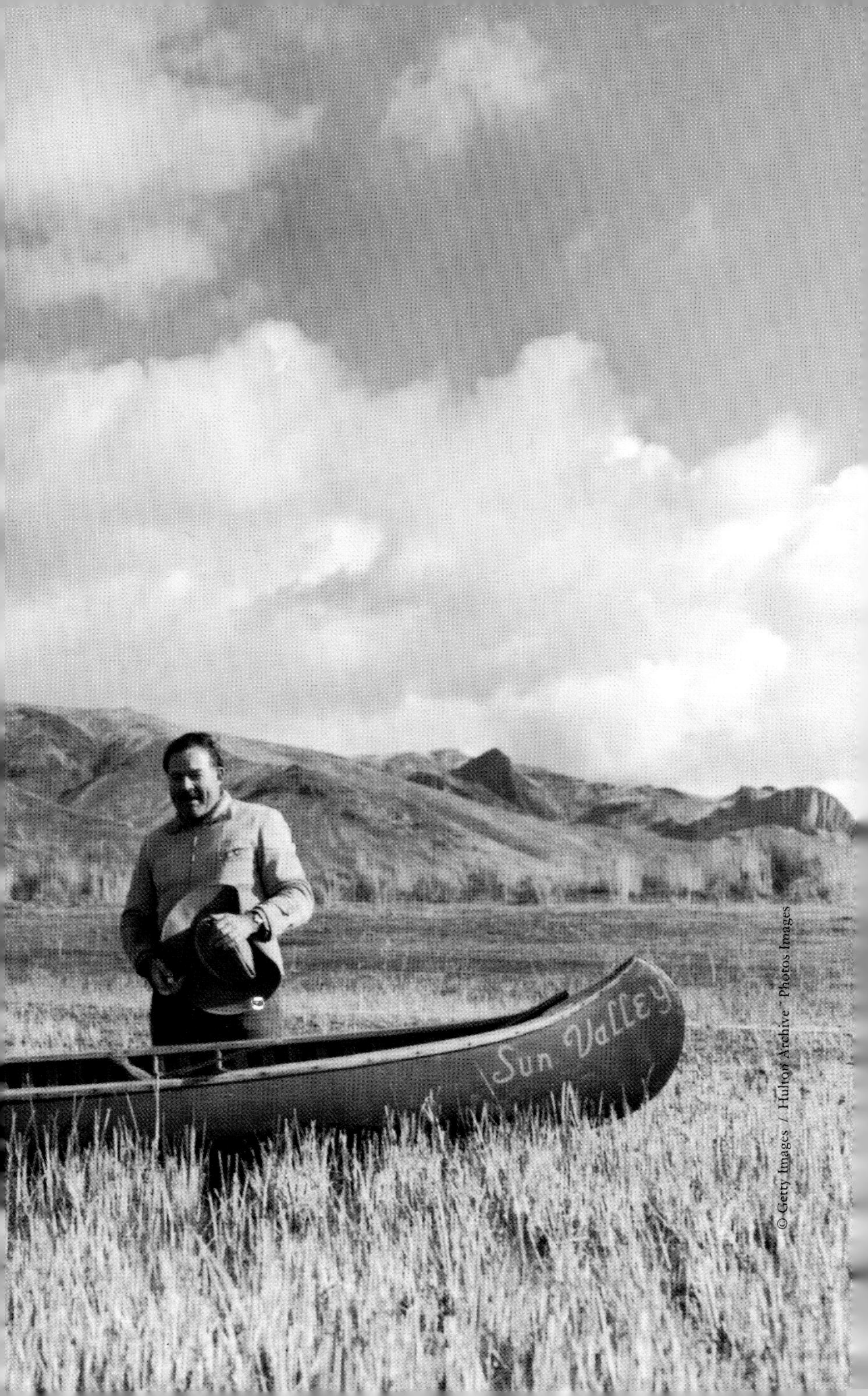
Sun Valley

— *Álbum fotográfico* —

Arriba
Capa hizo fotografías de la Segunda Guerra Mundial desde distintos ángulos. Aquí, el retrato de una colaboradora del régimen nazi tras la captura de Chartres. Agosto de 1944.

Páginas anteriores
Robert Capa (centro) y su amigo Ernest Hemingway (derecha) cazando patos en Sun Valley, Idaho, el 13 de noviembre de 1940.

Robert Capa

*Arriba, un soldado aliado atiende a su compañero,
durante la toma de Rhin el 24 de 1945.*

Álbum fotográfico

Robert Capa preside una de las primeras reuniones de Magnum, la asociación de fotógrafos que fundó con Cartier-Bresson y otros cinco socios. París, circa 1950.

cadores y campesinos del río amarillo. El laboratorio, demasiado caluroso y cubierto de polvo, hizo que la emulsión de las películas se fijara incorrectamente y terminara por desprenderse de la base de celuloide. Este accidente prefiguró otro más grave, que, casualmente, también tenía que ver con un tema más o menos anfibio: el de sus fotos de Omaha Beach tomadas el día D.

Mientras permaneció en China, la prensa mundial se llenó de calificativos elogiosos hacia su trabajo. En enero de 1938, cuando publicó en *Life* su reportaje sobre la batalla de Teruel, uno de los últimos que haría sobre España, los editores de la revista lo calificaron como "uno de los más grandes y nuevos fotógrafos del mundo". Un mes después, *Time* lo llamó "uno de los más grandes fotógrafos de guerra en el mundo". En el libro sobre la exhibición del Walker Evans, el fotógrafo norteamericano que cubrió la gran depresión norteamericana y cuyas fotos sirvieron de documentación a John Steinbeck mientras escribía *Las uvas de la ira*, mencionaban a "Steiglitz y Capa", lo cual para un húngaro, vestido como gamín (como lo había definido el editor de *Vu* pocos meses antes), era estar muy alto. Ser mencionado junto a uno de los grandes maestros de la fotografía en el siglo XX era un hecho consagratorio. En el mes de junio, la revista *Wekly Illustrated* llamó al reportaje de Capa sobre China "el más vívido reportaje gráfico del año". En diciembre, la revista *Picture Post* lo llamó "el más importante fotógrafo de guerra en el mundo", y, pocos días después, Wilson Hicks, el áspero editor de *Life*, en una carta privada le escribió: "Yo sé que su modestia no disminuirá si le digo que usted, hoy, es el fotógrafo de guerra número uno del mundo".

No deja de ser irónico que el fotógrafo que merecía todos estos miramientos por parte de las más importantes revistas del mundo, tuviera que aceptar una paga de mensajero mientras estaba en China y que tuviera que viajar con dinero prestado para pagar su pasaje. Esa fue, un poco, la historia de la vida de Robert Capa, y tal vez por eso, la decisión de ser su propio amo se perfilaba cada vez más claramente. Al mismo tiempo, su generosidad se manifestaba en el hecho de haber recogido a un grupo de fotógrafos aprendices. Era una forma de poner en práctica los principios que dirigirían, pocos años después, la creación de su propia agencia fotográfica.

El sueño americano

Robert Capa llegó a México en 1940, destinado por la revista *Life* para permanecer durante seis meses, hacer varios reportajes y cubrir unas trascendentales elecciones presidenciales. No más al llegar, organizó un grupo de parranda, como era habitual en él. Esta vez sus socios fueron los periodistas de planta de la oficina regional de *Life* en el Distrito Federal. Sin embargo, la estadía en México no fue del todo productiva, y básicamente le sirvió de espera mientras le entregaban sus papeles de residencia en Estados Unidos, su entrada al sueño americano y el lugar donde su madre vivía desde hacía cinco años.

Su primer reportaje cubrió las actividades de los grupos nazis y comunistas, para ese entonces aliados en un pacto de no agresión firmado por Hitler y Stalin. El ambiente político en México era tremendo, poblado de facciones políticas de izquierda que se combatían entre sí. La presencia de León Trotsky complicaba aún más las cosas. Obviamente, desde su llegada a México, Capa quiso fotografiar a Trotsky, pero este no quería saber nada de la revista *Life*. El año anterior, la revista le había solicitado a Trotsky dos artículos, el primero un análisis de la personalidad de Stalin y el segundo un recuento de la muerte de Lenin. Este segundo artículo fue censurado por los editores de la revista, que consideraron que la conjetura acerca de la muerte de Lenin, según Trotsky, envenenado por Stalin, no tenía sustento. Trotsky se enfureció y desde ahí no quiso saber nada de la revista, lo cual dificultó los planes de Capa.

Las elecciones para las cuales estaba comisionado se iniciaron con una balacera que culminó con la muerte de un manifestante. Capa estaba ahí y su foto del manifestante muerto con un fondo de afiches electorales fue publicada en la edición de julio 22. Sin embargo, en general la contienda política, así como sus demás trabajos en México, pasaron sin mayor trascendencia en términos periodísticos. Hubiera sido rutina mientras aguardaba por sus papeles de inmigración a los Estados Unidos, a no ser por un acontecimiento violento que no tuvo que ver, directamente, con las elecciones, sino con una persecución política que databa de muchos años atrás.

El martes 6 de agosto, un hombre llamado Ramón Mercader del Río o Jacques Mornard o Franck Jacson logró pasar las defensas de la fortaleza de Coyoacán y asesinó a León Trotsky. Apenas supo la noticia, Capa corrió hacia la casa para obtener imágenes de la situación, pero el cordón de policía le impidió acercarse y, mucho menos, tomar fotografías. Sólo pudo estar presente durante la ceremonia de cremación, pero no se le permitió tomar fotos y sólo publicó la nota periodística escrita por él mismo.

A fines de septiembre, Capa concluyó las tareas asignadas por la dirección de *Life* en México. En ese momento, los papeles de inmigración que le permitían volver a entrar a los Estados Unidos estaban listos.

Capa entró a este país, por segunda vez en su vida, a través de Laredo, Texas. Durante los siguientes meses hizo algunos trabajos menores en Nueva York y a mediados del año siguiente (1941) fue a entrevistarse con Ernest Hemingway. Este acababa de vender los derechos de *Por quién doblan las campanas* por 100.000 dólares, la cifra más alta pagada en Hollywood por los derechos de un libro. Hemingway propuso a Capa para el papel de Rafael el gitano y obviamente Capa estaba interesado en aceptarlo. Por eso, fue a visitarlo en Sun Valley (Idaho), y de paso a hacer un reportaje sobre el escritor. Durante su permanencia allí aprovechó para escribir algunos relatos que Hemingway generosamente le revisó.

Después hizo un largo reportaje en Calumet City (Illinois), la ciudad del pecado, un pequeño villorrio con 308 lugares nocturnos, clubes de *striptease* y bares de mala muerte. Capa hizo un largo y extenso reportaje que la redacción de *Life* estaba interesada en publicar para mostrar la decadencia del medio oeste norteamericano. Sus fotos mostraban un lado amable de esa vida, sin embargo, mientras las revelaba en el laboratorio de *Time*, en Chicago, un accidente de laboratorio, uno más, destruyó las fotos y dejó a la revista con cuatro páginas vacías en la edición de ese mes.

Poco después de eso, viajando algo amargado por el incidente, en camino hacia Michigan, se le acercó el portero negro del bar del tren, que se interesó en él al ver su cámara fotográfica. El hombre dijo que él también era fotógrafo, que había intentado abrirse camino en la fotografía de modas, pero había fracasado y se veía obligado a trabajar en los trenes para ganarse la vida. Antes había sido jugador profesional de basquetbol, empleado de un casino y pianista de bar. Su nombre era Gordon Parks. Poco a poco, apoyado por Capa (cuyo espíritu gregario lo llevaba a reconocer con facilidad el talento de otros) y por otras personas, Parks perseveró en su oficio y llegó a hacer una completa carrera como fotógrafo de *Life*, aparte de lograr hacer una de las primeras obras fotográficas sobre "*the african-american community*".

A principios de 1941 se vio obligado a dejar Estados Unidos y regresar a Inglaterra. Preparó algunos trabajos de poco interés, y, durante el verano, en compañía de Dinah Sheen hizo las fotografías que se publicarían en el libro *The Batlle of Waterloo Road*. En este periodo hizo muchos trabajos para *Picture Post*, la revista que lo proclamó como el más grande fotógrafo de guerra del mundo y con la que colaboraba desde su estadía en China. Siguió haciendo pequeños reportajes para *Life* y regresó a Nueva York a tratar de obtener sus papeles de residencia en Estados Unidos.

ENEMY ALIEN

En el verano de 1942, Capa estaba en su departamento de la calle 9ª en Nueva York. La guerra corría hacía más de dos años en Europa, y a Capa sólo le quedaba un *nickel* en su bolsillo. Estaba en bancarrota. Pasaba el tiempo metido en la cama guardando el calor y las calorías para no sentir los retortijones del hambre, tal como acostumbraba a hacerlo en sus épocas más tristes como estudiante en el exilio. Entonces el cartero pasó tres cartas por debajo de la puerta de entrada.

En los últimos tiempos su correo se reducía a las facturas de servicios públicos, así que en principio, los tres sobres no le interesaron mucho. Dejar la cama significaba perder calor y esto, a su vez, se traducía en que los retortijones del hambre arreciaran. Pero, finalmente, pudo más la curiosidad que el hambre.

La primera carta —como esperaba— era una factura de electricidad. La segunda le notificaba que el Departamento de Justicia lo consideraba un potencial enemigo foráneo y le prohibía desplazarse a más de diez millas de Nueva York. Esto lo deprimió aún más. De repente se había convertido en un enemigo del país donde residía. Lo habían clasificado como *"a potential enemy alien"*. Fue la primera vez que recibió tal calificativo por parte de las autoridades norteamericanas, aunque no sería la última en los siguientes años de la guerra.

La tercera carta era del editor de la revista *Collier's*, en la cual le decía que consideraba que era un gran fotógrafo de guerra, que para la redacción de la revista sería un honor que trabajara para ellos y le adjuntaban un pasaje para tomar un barco hacia Inglaterra que saldría en cuarenta y ocho horas y un cheque por 1.500 dólares como avance por su trabajo.

Estaba en un disyuntiva difícil. ¿Debía hacerle caso al Departamento de Justicia y quedarse a morir de hambre en Nueva York o aceptar el encargo de *Collier's* y partir para Inglaterra? Usó el *nickel* para decidirlo a cara o sello. Ganó el viaje. Así que con la moneda pagó el metro, llegó al banco, cambió el cheque y se pagó un desayuno decente. $ 2.50: la cifra que le iba a quedar debiendo a la revista *Collier's*, en caso de que tuviera que cancelar el viaje.

Tomó decisiones rápidas. Por ejemplo, desconocer la orden de arraigo del Departamento de Justicia, que le impedía dejar Nueva York, y tomó un vuelo a Washington, donde expuso su problema al agregado de prensa de la Embajada británica. Éste no solo le abrió el camino con el Departamento de Justicia, sino también con su embajador, que terminó extendiéndole un pasaporte británico. Capa era judío y Hungría había sido anexada por los nazis. Su país había desaparecido y no podía extenderle un documento de viaje. La solicitud de pasaporte era un pedido extraordinario, opinó el embajador, pero la guerra era una situación aún más extraordinaria y fuera de lo común. Por tanto, no encontró una razón para no extenderle el documento de viaje. Así que este fue el tercer nacimiento de Robert Capa, como ciudadano británico, o algo así.

Roberto Rubiano Vargas

Gracias a su nuevo pasaporte, Capa pudo embarcarse en un viejo navío irlandés y comenzó el periplo que lo llevó a la Segunda Guerra Mundial, y al que sería el bautizo más violento jamás vivido por ningún fotógrafo en la historia en las trincheras. El desembarco en Normandía, precisamente en la playa donde sucedió la masacre más sangrienta de este sangriento desembarco: Omaha Beach.

El barco tardó doce días en llevarlo, a través del Atlántico de nuevo a Europa. El viaje fue azaroso, los submarinos U2 merodeaban las aguas de ese océano, hundiendo cuanto navío encontraban: militar, civil, de carga o de pasajeros. Las noches pasaban en la oscuridad de la cubierta mirando el horizonte iluminado por la luna y esperando en cualquier momento escuchar el estallido de un torpedo, así que Capa decidió que podía hacer un buen reportaje sobre el viaje.

Al quinto día, en medio de la neblina que envolvía las embarcaciones, el capitán del navío se le acercó a Capa, que estaba tomando fotografías con flash y lo amenazó. "Si usted llega a tomar una sola foto con esta neblina, iremos a dar todos al mismo infierno. Toda la pandilla de submarinos alemanes que estén a treinta millas a la redonda nos caerán como una jauría de lobos".

Más tarde, algo más que un flash haría ruido y explosiones, pues los destructores que escoltaban el convoy dejaron caer sus cargas de profundidad en busca de la pandilla de lobos submarinos.

Este viaje le permitió a Capa preparar un primer reportaje con textos y fotografías (*"Commodore of the Convoy"*) que fue publicado en *Collier's* y en la *Illustrated Review* de Londres, donde le pagaron 150 libras adicionales a su salario regular.

Con la llegada a Inglaterra y su acreditación como corresponsal de guerra, su breve periodo como *"enemy alien"* de los Estados Unidos tocaba a su fin, pero en Inglaterra sus problemas continuarían.

Paracaidista honorífico

Su ingreso a Inglaterra estuvo matizado por situaciones incómodas, provocadas por la crisis propia de la guerra. En primer lugar, no lo dejaron desembarcar en Irlanda, pues, pese a su pasaporte británico, ningún ciudadano que no fuese británico podía bajar en un puerto que no fuera Liverpool. Continuaba siendo "*an enemy alien*", pese a su anglo nombre de Robert Capa. Continuaba siendo un inmigrante de Europa oriental. Un huno. Un salvaje en tierras civilizadas.

Lo primero que tuvo que hacer fue conseguir su acreditación como periodista. Lo segundo buscar el trabajo. Durante el resto de aquel año sus reportajes tratarían básicamente de la vida cotidiana del ejército tanto en Inglaterra como en Irlanda. Entre ellos, hizo dos largos reportajes sobre el entrenamiento de paracaidistas, lo cual fue un buen aprendizaje que le resultó muy útil en otro momento.

Uno de sus primeros trabajos le hizo conocer el peso de la censura militar de un solo golpe. Una mañana apareció el editor de la revista *Illustrated* acompañado del oficial de la oficina de censura. "¿Usted tomó esta foto?", preguntó el oficial. Capa miró la portada de la revista que iba a circular tres días después. Era su foto favorita de una serie sobre los bombarderos B-26, conocidos como las fortalezas volantes. "Claro", dijo. "Es el teniente Bishop en su fortaleza volante". La foto era un contraluz al atardecer, donde se veía la trompa del avión y el oficial pensativo visto de perfil. "Al diablo su teniente Bishop", gritó el tipo de la censura señalando un pequeño objeto negro que había en la carlinga del avión y a la cual Capa no le había dado ninguna importancia. A él lo que le parecía importante era fotografiar el perfil del teniente Bishop dentro de la nariz del avión. Su gesto meditabundo y nostálgico. Pero el oficial de censura tenía un punto de vista absolutamente práctico: "Este pequeño objeto es el secreto número uno de la Fuerza Aérea norteamericana y usted lo está revelando a nuestros enemigos". La revista con la foto en la portada ya estaba impresa. 400.000 ejemplares estaban listos para su distribución, ante lo cual Spooner, el editor, le ofreció al oficial mandarlos a quemar para mantener el secreto.

—Eso lo salva a usted señor Spooner —gritó el oficial—, pero no va a salvar a Capa. Él no debe mostrarle a usted ninguna foto sin antes pasarla por la oficina de censura del Ejército americano.

Spooner salió corriendo a detener la circulación de la revista y Capa quedó confinado en el cuartel bajo arresto y con amenaza de ir a consejo de guerra. Al atardecer vino otro oficial, esta vez, de la oficina de relaciones públicas y se disculpó diciendo que él era un corresponsal acreditado, que podía trabajar y que, por otra parte, los civiles no eran sujetos de ir a consejo de guerra.

Después de este incidente, Capa aprendió a trabajar en Inglaterra bajo el régimen de un ejército regular. Algo muy diferente a lo que había vivido en España.

A principios del año 1943 salió a cubrir la campaña militar en el norte de África y en el sur de Italia. El desierto del Sahara era básicamente una colección de insectos, mucho calor e incomodidad. Era un territorio donde había que caminar horas y horas por las dunas. Dormir mal. Sufrir sed. "Esta guerra comenzaba a disgustarme", escribió en sus memorias. La vida de un corresponsal de guerra no tenía nada de romántica. Debíamos conducir durante horas por un lento, escabroso, camino a través del desierto. No encontrábamos ningún alma viviente, fuera esta amiga o enemiga. Todo lo que encontrábamos eran restos de equipo militar abandonado por las fuerzas alemanas".

Al regresar de esta primera gira de trabajo por el norte de África y Sicilia, Capa se encontró con una desagradable noticia. La revista *Collier's* lo despedía. De un momento a otro, y apenas empezando a saborear lo importante que podría llegar a ser su trabajo en la guerra europea, se encontró desempleado y, lo que era peor, sin acreditación para continuar en el frente de batalla.

Sin embargo, una de sus amigas puso un telegrama a *Life*, revista con la cual Capa había tenido buenas relaciones durante los seis años precedentes, y les explicó que él estaba muy descontento con *Collier's* y que le encantaría volver a trabajar para *Life*. Al mismo tiempo, un oficial de relaciones públicas del Ejército norteamericano le avisó que esa noche salía un avión que lo llevaría a Italia y que necesitaban un fotógrafo que cubriera la llegada del general Eisenhower a Roma. Capa se subió al avión sin saber muy bien si tendría o no dónde publicar esa foto. Durante el vuelo les notificaron que las tropas alemanas habían contraatacado y que la foto de relaciones públicas para el general Eisenhower no podría hacerse, así que desviaron el avión hacia Argelia para esperar una nueva oportunidad. Una vez en Tánger, llegó un telegrama de la revista *Collier's* que decía que Capa ya no pertenecía al equipo de la revista y que debía arreglarse su inmediato regreso a Inglaterra en el primer transporte disponible. Sin embargo, el oficial que le leyó la noticia, al mismo tiempo le dijo que esa noche salía un avión que iba a lanzar paracaidistas sobre Italia. ¿Quieres saltar? Le preguntó el oficial.

Unas horas después Capa volaba sobre el Adriático, con un paracaídas a su espalda y otro al frente, por si acaso fallaba el primero. Las instrucciones eran simples: "Cuente de esta manera: mil, dos mil, tres mil... y si no se abre el paracaídas tire la manilla y abra el de emergencia".

Cuando el avión estuvo sobre Italia una luz verde se encendió y Capa, un poco ofuscado por la sucesión de acontecimientos que lo tenían allí, a punto de lanzarse al vacío, se preparó. Estaba pensando: "fotógrafo sin empleo listo para lanzarse". Un momento después se vio a sí mismo cayendo en la oscuridad de la noche hacia el piso contando mil, dos mil, tres mil, momento en el cual su paracaídas se abrió y Capa pudo decirse a sí mismo: "fotógrafo sin empleo flotando en el aire".

El aterrizaje no fue tan bueno como esperaba y quedó colgado de un árbol a tres metros sobre la tierra. Estuvo así hasta que amaneció y un grupo de soldados que pasaba cerca lo ayudaron a descolgarse de la rama donde había pasado una de las noches más largas de su vida.

Una vez en tierra comenzó a avanzar "de árbol en árbol y de colina en colina", adentrándose en Europa. Gracias a ese salto al vacío, Capa participó en otros operativos con paracaidistas, lo cual le valió que sus casuales compañeros lo ascendieran al grado de "paracaidista honorífico".

Días después de aquel primer salto recibió la notificación de que *Life* aceptaba sus servicios, y entonces supo que volvía a ser un fotógrafo de guerra con empleo. Asunto que le permitió caminar con mayor tranquilidad por las colinas europeas.

Omaha Beach

El 6 de junio de 1944 amaneció frío y gris. El mar estaba picado, pero en cierta forma era un día perfecto. Era la segunda fecha que el mando conjunto británico y norteamericano había determinado para la invasión de Europa. Robert Capa había sido incluido entre los periodistas acreditados que informarían sobre la invasión.

Zarpó del USS *Henrico*, un barco de la marina norteamericana, y luego subió a una lancha de desembarco. Iba en las mismas condiciones de cualquier recluta. Sólo contaba, para su defensa personal, con un casco militar que las poderosas balas alemanas podían perforar como si fuera de papel. Corrió los mismos riesgos que corrieron todos los soldados que desembarcaron y su única arma fueron sus dos cámaras Contax de 35 milímetros cargadas con película de alta velocidad. Con ellas tomó las pocas fotografías que se conservan sobre ese momento decisivo en la historia de la Segunda Guerra Mundial. Fotos que fueron parte de los documentos que utilizó, muchos años más tarde, el director Steven Spielberg para recrear el famoso y sangriento desembarco en Omaha Beach, en su película *Saving Private Ryan*.

El viaje en la lancha de desembarco no fue agradable ni heroico. A la tres de la madrugada, mientras cruzaban el Canal de la Mancha, Capa pensó que ese clima frío y ese amanecer gris no eran las mejores condiciones para tomar fotografías, pero eso era lo que había. Los soldados, jóvenes apenas entrenados, formaban parte de la primera oleada. Eran, literalmente, la carne de cañón del desembarco en Normandía. Los reclutas vomitaban por la borda. La cubierta del bote era una superficie asquerosa en la que todos resbalaban mientras Capa, tranquilo meditaba sobre su regreso a Francia. El país que tanto amaba y que desde hacía años no pisaba. Años después, en su diario sobre la Segunda Guerra Mundial (*Ligeramente fuera de foco*), escribiría: "La playa de Saint Laurent-sur-Mer fue alguna vez un balneario económico, apropiado para profesores franceses de colegio. Ahora, en junio 6 de 1944, era la playa más hostil del mundo entero".

El desembarco ocurrió como esperaban los generales que lo planificaron. Una masacre calculada, luego de la cual —esa era su especulación— un alto porcentaje de los sobrevivientes podría someter las defensas alemanas. Es decir, a esos nidos de ametralladoras de calibre 50 que los alemanes disparaban desde lo alto de las dunas. El soldado raso, Heven Severloh, del Ejército alemán, estaba en el punto llamado Widerstandnest 62, una de las más fuertes perspectivas de defensa que tenían los alemanes en Omaha Beach. "Había recibido la orden —recordó el soldado— de dispararles mientras estuvieran en fila". Ese día, calculó que él solamente, desde su nido de ametralladora, disparó por lo menos doce mil tiros y 400 con su carabina. Al final del día se rindió con la esperanza de que el enemigo no se enterara de que probablemente la suya había sido la ametralladora más mortífera en Omaha Beach.

La lancha donde iba Capa sólo pudo llegar a cien metros de la orilla de la playa. Al bajar, los soldados debían buscar protección tras las estructuras de acero, hechas con rieles de ferrocarril que impedían a las lanchas acercarse hasta la playa. O si no, buscar cobijo en los agujeros abiertos por las explosiones de mortero. Muchos de los soldados que venían con Robert Capa murieron en ese momento. Sin poder disparar ni un solo tiro.

Capa se lanzó al agua y tomó las primeras fotografías. A su lado iban un médico judío y un predicador católico irlandés. Los dos amigos que había hecho en el barco. Su primera impresión fue que el agua estaba helada. Sus dedos agarrotados apenas si le permitían operar la cámara. Tomó una foto de algunos reclutas corriendo hacia la línea de la playa. Las balas de las ametralladoras pegaban a pocos centímetros de ellos. Algunos cayeron, otros alcanzaron a llegar hasta algún cráter de mortero para refugiarse uno encima del otro. Finalmente, decidió protegerse tras uno de los obstáculos. Corrió hacia él y tuvo que compartirlo con otro soldado que, aterrorizado, aferraba su fusil y se escondía detrás del angosto riel de acero.

Tomó una foto tras otra hasta que su primera cámara se descargó. Buscó un rollo nuevo entre su mochila empapada, pero lo arruinó con sus dedos helados antes de ponerlo en la cámara. Utilizó la otra cámara hasta agotar la película. Cargó de nuevo y terminó de hacer los tres rollos. El mar era una mezcla de sangre, cadáveres y vituallas. El ruido era terrible. Explosiones de mortero. Disparos de ametralladora que no terminaban nunca. Gritos de miedo y de dolor. Órdenes confusas.

Sus fotos registraron el momento en que los soldados bajaban por los planchones guareciéndose del fuego graneado que provenía de las dunas cercanas. Las fotos quedaron "ligeramente fuera de foco", pues era casi imposible enfocar y esquivar las balas. Cuando ya sólo pudo pensar en salvar su vida tomó la decisión de retirarse de la playa. Caminó de regreso los cien metros, entre el agua tinta en sangre, hasta la lancha que aún no regresaba y subió a ella. Viajó entre los cadáveres recuperados de los muertos de la primera oleada. Siguió tomando fotos de los médicos atendiendo heridos y los marineros cubriendo los cuerpos de los cadáveres recuperados.

Mientras cruzaba el canal de regreso a la costa inglesa, se acostó en una litera y conversó con un recluta que ocupaba una más baja. Lo habían herido superficialmente. Cuando llegó al barco nodriza, fue considerado una especie de héroe. El único fotógrafo que se atrevió a desembarcar en la playa de Omaha, el lugar donde se dio la mayor cantidad de bajas durante el desembarco de Normandía. Sin embargo, Capa sintió que no había hecho nada heroico ni digno de recordarse.

Antes de embarcar, de regreso a la playa de Normandía, puso los rollos en un saco de corresponsal de guerra y los envió a las oficinas de *Life* en Londres, la empresa que pagaba su viaje. Regresó a la playa de Omaha, siguió tomando las fotos entre el agua fría. Los cadáveres, los restos de víveres dispersos en la playa. Se subió a un tanque y siguió cubriendo la guerra hasta los días finales de la victoria aliada. Ocupado en su oficio de retratar la historia, Capa demoraría muchos días en enterarse del trágico destino que tuvieron los tres rollos que tomó el día D.

Roberto Rubiano Vargas

Un par de días después de haberlos puesto en la bolsa de correo de corresponsal de guerra, los rollos tomados en las arenas de la costa francesa ingresaron al laboratorio de *Life*. El nombre del técnico por suerte fue piadosamente olvidado en los registros de la historia. Una vez procesados, el infame laboratorista puso los rollos a secar en un armario de aire caliente. En aquellos años, las películas fotográficas usaban como soporte de la emulsión un material llamado celuloide (hoy no se usa) altamente inflamable. Los rollos de Capa estuvieron demasiado tiempo en el calor de la secadora y, simplemente, se quemaron. Los 102 negativos que le significaron a Capa estar expuesto a la muerte fueron dañados casi en su totalidad. Sólo se salvaron ocho: la imagen de un soldado que se lanza al mar e imágenes borrosas (ligeramente fuera de foco) de hombres que mueren entre la balacera. Son las únicas y muy famosas fotos del desembarco. Horas después, el mismo Capa y varias decenas de fotógrafos y camarógrafos más, tomaron miles de fotos y cientos de pies de película cinematográfica. Las playas de Normandía fueron fotografiadas desde barcos, aviones y planchones. Sin embargo, esos ocho negativos, tomados en medio de los cráteres dejados por los obuses alemanes, continúan teniendo un enorme valor simbólico.

Años después, en su película, *Saving Private Ryan*, el director Steven Spielberg rindió un pequeño homenaje a Robert Capa. Entre las imágenes del desembarco, puede verse a un reportero que toma fotografías en medio del combate. Un homenaje que el cineasta hizo a una de sus más determinantes fuentes documentales visuales.

El último muerto de la guerra

La Segunda Guerra Mundial terminó de arder con lentitud. Pueblo por pueblo, país por país, ciudad por ciudad, se fue apagando poco a poco, dejando tras de sí la humareda de la destrucción. Las fotos de Robert Capa fueron un testimonio de cómo se enfriaba ese rescoldo en el que ardieron demasiadas banderas, demasiadas fronteras, y se jugaron demasiados intereses pagados con poblaciones enteras sacrificadas como fichas de un apostador.

Así como había estado en las trincheras de Italia y del desierto del norte de África durante las batallas decisivas, también estuvo en los instantes del apaciguamiento. Su cámara registró momentos terribles, como aquel en la cual unas mujeres francesas, colaboracionistas (probablemente novias de oficiales alemanes) eran perseguidas y rapadas por sus vecinos. En otro lugar registró la manera cómo una familia de campesinos se protegía de las últimas balas de la guerra escondiéndose en las zanjas abiertas por las bombas. Un granjero despostando el cadáver de su caballo para alimentarse con él. Así fueron las imágenes que recogió en sus últimos recorridos por las colinas europeas mientras la guerra languidecía. También guardó recuerdos divertidos, como cuando recorría la península de Sicilia en el primer desembarco aliado de 1943.

La victoria era placentera y agotadora —escribió con ironía en *Slightly Out of Focus*—. Durante el día, en las calles, de Túnez tuve que besar a cientos de mujeres ancianas y emborracharme con innumerables vasos de vino. Encontré un lindo apartamento en un edificio grande y moderno donde finalmente pudimos comenzar a celebrar nuestras historias de guerra. Teníamos suficiente licor, capturado en los cuarteles de la Gestapo, que nos servía para refrescar nuestras cantoras gargantas resecas por el desierto.

Cerca de la medianoche alguien vino a golpear en la puerta. Era un ciudadano francés que con aire digno nos increpó: "*Messieurs*", nos gritó, "durante los últimos tres meses ustedes nos han bombardeado cada noche. Eso estuvo bien, *cést la guerre*, pero la paz acaba de ser declarada y ahora mi esposa y mi hija quisieran dormir en paz".

Nosotros le hicimos pasar un vaso de brandy por su garganta francesa que se resistió con heroísmo, y le prometimos que la paz sería declarada "mañana".

Así celebraba Robert Capa la victoria sin dejar de hacer su trabajo. Sus fotografías, caracterizadas por ese gran sentido de oportunidad, se hicieron en ese momento más narrativas. Ya no buscaban la violencia y la batalla, sino las consecuencias de las batallas. Son imágenes tristes, melancólicas. Transmiten un sentimiento de pérdida.

Durante esa temporada, recorriendo las arenas del norte de África y luego las colinas italianas, vivió el rigor de las batallas. Comió las raciones de los soldados y caminó largos kilómetros como cualquier recluta. Estuvo expuesto al fuego enemigo y cubrió el día a día de la guerra. Lejos, muy lejos estaban aquellas épocas de estudiante pobre en Berlín o en París, o de aprendiz de fotógrafo, cuando se tomaba la vida con calma y si hacia frío se quedaba en la cama. En Italia hizo su servicio militar en el periodismo con todo el rigor inherente a las trincheras. Hizo muchas fotos de esta manera: acercándose a los hechos hasta el punto de que las balas levantaban el polvo que ensuciaba la lente de su cámara.

Pero entre todas esas fotografías quizá las más significativas sobre la inutilidad de la guerra son la que dejó en una pequeña secuencia de fotografías tomadas el día del armisticio. Se trata de una serie tomada desde el interior de un edificio en Leipzig. El sujeto de las fotos es un operador de ametralladora. Aunque acababan de llegar las noticias de que los alemanes se estaban rindiendo, el muchacho no se ve relajado en la imagen mientras prepara su enorme ametralladora de la que cuelga una larga cinta de cartuchos. En Leipzig todavía quedaban francotiradores. Con estas palabras Capa resumió la historia:

> Estaba acompañando a un batallón de la 5ª división de infantería. Vigilábamos un puente en el centro de la ciudad. El primer pelotón había cruzado por ahí y temíamos que en cualquier momento el puente sería volado por los alemanes. En una esquina había un edificio de cuatro apartamentos, muy elegante, y que daba una buena vista sobre el puente, subí los cuatro pisos a ver si podía hacer una foto de la última avanzadilla de la infantería, podría ser la última foto de guerra para mi cámara. El aburguesado apartamento del cuarto piso estaba abierto. Cinco soldados acompañados

por armamento pesado estaban emplazando una ametralladora para cubrir el avance sobre el puente. Era un poco difícil disparar desde la ventana, así que el sargento y uno de sus hombres movieron la ametralladora al desprotegido balcón. Eché una mirada desde la puerta. Cuando la ametralladora estuvo preparada el sargento volvió a entrar al departamento. El joven recluta apretó el gatillo y comenzó a disparar. El último hombre disparando la última arma no era muy diferente del primero. Para cuando la foto estuviera en Nueva York, no estaríamos publicando la fotografía de un simple soldado disparando un arma ordinaria. Ese muchacho de claro, abierto y joven rostro y su ametralladora estaban aniquilando fascistas. Me asomé al otro balcón del apartamento y, estando a menos de un metro, enfoqué su rostro. Apreté el obturador de mi cámara —era mi primera foto en varias semanas y la última que tomaría con vida a ese muchacho.

Silenciosamente, el cuerpo del joven artillero se relajó, se desplomó y cayó dentro del departamento. Su rostro no había cambiado excepto por un pequeño agujero entre sus ojos. El charco de sangre comenzó a brotar bajo su cabeza caída y su pulso dejó de latir.

El sargento dejó caer sus brazos, se detuvo junto al cuerpo y empuñó con violencia la ametralladora. Pero no pudo hacer otro disparo más; nuestros hombres habían arribado al otro lado del puente.

Fotógrafo de guerra desempleado

Después de la guerra el estado anímico del público consumidor de prensa en el mundo entero no estaba para recibir malas noticias. Se necesitaba otro tipo de información, y los fotógrafos como Robert Capa eran prescindibles. Pasó a ser lo que tanto temía y, al mismo tiempo, lo que él consideraba era lo mejor para la humanidad: un fotógrafo de guerra desempleado.

Aún tenía algunos encargos. En septiembre de 1945 hizo su último trabajo para *Life* en el periodo bélico: un viaje a Berlín a fotografiar el primer servicio religioso judío que se hacía desde el ascenso de Hitler al poder. En enero de 1946, *Life* rescindió su contrato. Un mensaje claro que le decía que no había trabajo para los fotógrafos de guerra. De hecho, Capa lo tomó con humor y se hizo imprimir una tarjeta de presentación que decía:

Robert Capa
War Photographer
Unemployed

En aquel momento, las empresas editoras buscaban nuevas opciones para sobrevivir al negocio de vender noticias. *Life* cambió el contenido de su información y aparecieron nuevas publicaciones, como *Holiday*, que se especializaba en turismo y vacaciones.

Una de las opciones que le quedaba a Capa era buscar trabajo en el cine. Por eso viajó a los Estados Unidos e hizo la foto fija de una película de Hitchcock y actuó en otra. Estaba enamorado de Ingrid Bergman, a quien había conocido en París en circunstancias más o menos cómicas, y Hollywood parecía ser un buen lugar para pasar las vacas flacas.

Los malos tiempos duraron poco, pero el trabajo que tuvo no era lo que él esperaba. En enero de 1946, el productor William Gotees, de International Pictures, lo contrató como escritor y aprendiz de director y productor por el extravagante salario de 400 dólares a la semana. Su compromiso nebuloso era escribir un guión basado en sus memorias personales. Capa había comenzado a escribir relatos más o menos autobiográficos en 1941, durante su estancia en Sun Valley (Idaho), cuando estuvo fotografiando a Ernest Hemingway, quien le ayudó a pulir sus primeros relatos. Por tanto, el plan no era del todo descabellado.

Sin embargo, en Hollywood el tiempo se le iba en asistir a fiestas, ir a las carreras de caballos con Irving Shaw, jugar largas partidas de póquer con directores de cine, eventualmente, acostarse con alguna de sus esposas y, sobre todo, tratar de verse con Ingrid Bergman, asunto bastante difícil, ya que los compromisos profesionales de la actriz les dejaban muy poco tiempo libre. Además, ella creía que todo el universo que rodeaba a Capa, o sea, su trabajo como periodista viajero, era algo muy malo, así que empezó a salirse de la relación y a fijarse en un director de cine italiano llamado Roberto Rosellini, con quien se casó poco tiempo después.

En mayo 27 de 1946, Capa tuvo una importante cita en el Departamento de Inmigración de los Estados Unidos, donde después del interrogatorio correspondiente ("¿conoce usted el artículo 10 de la Constitución de los Estados Unidos?"), le extendieron su carta de naturalización como ciudadano norteamericano. Después de quince años de errancia, por fin tenía un país al cual pertenecer y, lo que era más importante, pudo cambiar su nombre, de forma definitiva, por el de Robert Capa. De ahí en adelante, para cualquier efecto legal de cuentas de banco o pasaporte, su nombre fue Robert Capa. Este sería su cuarto nacimiento: el del registro legal de su nombre.

Su experiencia como escritor en Hollywood, aunque no produjo la película que esperaba International Pictures, de todos modos le sirvió para culminar su libro de memorias sobre la Segunda Guerra Mundial, *Slightly Out of Focus* (*Ligeramente fuera de foco*), que se publicó en 1947. El crítico de la revista *Time*, en todo caso, no lo recibió muy bien y consideró que "los textos, por decir lo menos, arruinaban las fotografías", lo cual es un juicio injusto desde todo punto de vista, ya que es un libro aceptablemente bien escrito que en algunos pasajes prefiguraba formas que adoptaría la crónica años después bajo la etiqueta de Nuevo Periodismo.

Como escritor, Capa tenía una enorme capacidad para recrear las escenas y describir a los protagonistas de sus relatos. Una de las ventajas que ofrece el ser fotógrafo y escritor al mismo tiempo.

Muy pronto, su tiempo como fotógrafo desempleado terminaría bajo la forma de una agencia fotográfica. Su propio negocio, su propio proyecto: el olimpo de los fotógrafos de prensa. Magnum Photos.

Magnum Photos

Magnum Photos fue siempre un sueño perseguido por Robert Capa. Desde que comenzó a trabajar para Dephot, la agencia fotográfica de su antiguo mentor, Simón Guttman, tuvo clara la gran importancia que tenía una agencia para el desarrollo del fotógrafo como individuo y como periodista, pues le evitaba el arduo trabajo de las negociaciones con los medios compradores de fotografía, promovía la calidad de su trabajo y defendía sus derechos laborales.

Capa tomó la decisión de crear una agencia fotográfica cuando estaba cubriendo la Guerra Civil Española y la meditó durante su viaje a China. En una carta que escribió a Arthur Koestler desde este país, el 27 de julio de 1938, le decía:

> Estoy comenzando aquí una organización de fotógrafos jóvenes y espero continuar haciéndolo desde Europa... No sé qué está sucediendo con Cartier-Bresson y con *Chim*. Algo podremos hacer sobre esto y *Csiki* puede buscarlos. Me gustaría que pudiéramos tener alguna forma de organización, en el caso de no poder hacer una agencia regular. En todo caso, mi taller de París es mi cuartel general privado... Actualmente todo lo que puedo hacer aquí es enseñar a un grupo de jóvenes a hacer un buen trabajo, cuyos resultados sólo podrán verse después de mi partida.

Esta carta es el germen de la agencia que fundaría en compañía de sus amigos. Una agencia cuyos principios no sólo eran el de actuar y administrarla de manera fraterna, sino también el de iniciar a jóvenes fotógrafos en la profesión de reportería, algo que habían hecho por él Simón Guttman y los demás fotógrafos de Dephot.

Las agencias fueron muy importantes en sus relaciones laborales con los medios de prensa. En 1934, por ejemplo, le sirvieron de amparo, cuando Joseph Goebbels se apropió de las cadena de publicaciones de los hermanos Uellsman, una familia de judíos alemanes que fueron obligados a vender (por ningún dinero, obvio) a los nazis sus exitosas publicaciones que incluían la muy popular *Berliner Illustrirte Zeitung*, a partir de ese momento, comenzaron a publicar (casi con exclusividad) portadas con Hitler y sus amigos. Capa sólo publicó un par de reportajes en esa revista después de que cayera en manos de la administración nazi, y fue gracias a la agencia de Guttman y sus asociados, como pudo cobrar el dinero.

Magnum Photos se inició formalmente con una reunión en el restaurante del penthouse del Museo de Arte Moderno de Nueva York, MOMA, en 1947. Los socios fundadores fueron cinco fotógrafos, Capa, Cartier-Bresson, David Seymour (*Chim*), George Rodger y Bill Vandivert y dos mujeres empresarias, Rita Vandivert, que se encargó de las relaciones de la agencia desde Nueva York, y María Eisner, que lo haría desde París.

Los principios de funcionamiento de la agencia eran sencillos. Defender los derechos individuales de los fotógrafos, financiarles el tiempo para desarrollar proyectos personales y, obviamente, servir de intermediarios entre ellos y los medios, a cambio de una comisión fija.

Capa era un talentoso hombre de negocios, de hecho, se sentía muy orgulloso de serlo y consideraba que esto se debía, en parte, a su origen. Le gustaba repetir una máxima que había escuchado en Hollywood durante su breve paso por allí como guionista: "No es suficiente tener talento, también hay que ser húngaro". Sin embargo, pronto fue evidente que la operación de la agencia no se podía financiar con el trabajo de cinco fotógrafos por muy importantes que fuesen. Además, uno de los socios fundadores, Bill Vandivert se retiró de la agencia. Capa entonces creó la categoría de "fotógrafos asociados", una manera de reclutar talento para la exclusiva agencia. Entre los primeros fotógrafos en ingresar estuvieron Giselle Freund, Fenno Jacobs, Herbert List, Homer Page y Carl Perutz; sin embargo, esta lista poco a poco crecería. Hoy Magnum representa el trabajo de más de 200 fotógrafos de casi todos los continentes. Entre los suramericanos destaca Sebastião Salgado.

En julio de 1948, en reemplazo de Vandivert, Capa le ofreció las acciones como socio activo de la firma a Werner Bishop, un fotógrafo de origen suizo que al principio estuvo interesado por la abstracción, pero la abandonó —cuando gozaba de un gran prestigio como artista—, para dedicarse al fotoperiodismo. Bishop fue el primero de otros grandes fotógrafos que contribuyeron a crear el perfil profesional de Magnum y su prestigio más o menos legendario.

Capa le dedicó mucho tiempo a fortalecer la agencia en términos de negocio, lo cual le quitó tiempo a su trabajo profesional. Sin embargo, en aquellos años de consolidación, hizo tres viajes a Israel para cubrir la creación del Estado judío, recorrió, cada vez que pudo, las nuevas repúblicas comunistas de Europa oriental, incluyendo su natal Hungría. Durante esos años sus fotografías se publicaron regularmente en la revista *Illustrated* de Londres.

Posteriormente, ingresaron a Magnum, en calidad de fotógrafos asociados o como socios plenos de la agencia, destacados fotógrafos como Eve Arnold, Elliott Erwitt, Burt Glinn, Ertich Hartmann, Erich Lessing, Inge Morath, Marc Riboud y Denis Stock.

Mucha gente del medio de prensa criticaba a Magnum porque consideraba que Capa era como un padre adoptivo y complaciente con los fotógrafos jóvenes, tal como había hecho durante su permanencia en China. Otros pensaban que, más bien, Capa trataba a los fotógrafos jóvenes como un establo de caballos de carreras, esperando ver cuál de ellos resultaba un ganador. Ambos puntos de vista no estaban del todo equivocados, pero lo que si subrayaban era la manera como Capa estimulaba a nuevas figuras de la fotografía en su desarrollo personal y profesional.

En los comienzos de la guerra fría, Capa comenzó a encontrar dificultades personales y emocionales en su trabajo. Él siempre se consideró un periodista muy comprometido con la libertad y las ideas progresistas. Estuvo en España respaldando al bando republicano y progresista en contra del franquismo. Durante la Segunda Guerra Mundial apoyó a los aliados como una forma de oponerse a los designios de los nazis. Sin embargo, con los cambios políticos en Europa del este las cosas ya no fueron tan claras y se vio poco interesado en ir a cubrir esos acontecimientos políticos. En 1950 estalló otro conflicto. Otro escenario natural para un fotógrafo de guerra. Corea. Sin embargo, esta vez, Capa no quizo cubrirla. En una carta a Martha Gellhorn señaló: "En una guerra uno debe odiar a alguien o debe amar a alguien, uno debe tener una posición tomada o no estar allí". En Corea, en ese momento, sus simpatías estaban lejos de los comunistas, sobre todo, por la forma como los partidos comunistas estaban actuando en Europa, tomando naciones y dividiendo a los pueblos. Por otro lado, la participación del Ejército norteamericano tampoco le parecía justa y, para completar el panorama, el comité de actividades antinorteamericanas, o sea, el famoso comité de Joseph MacCarthy, apoyaba la guerra y comenzaba a llamar a los ciudadanos de ideas democráticas a declarar. Entre ellos al mismo Capa.

Por todas estas razones, su trabajo en la agencia y el confuso mapa ideológico del momento, Robert Capa dejó de asistir, por primera vez, a una guerra de escala internacional.

JUEGOS DE AZAR

Capa fue una persona amante de la buena vida, de la buena conversación y, como he señalado reiteradamente, buen amigo de sus amigos. La amistad marcó el derrotero de su vida. No fue un individuo perfecto, sino, más bien, alguien que supo aceptar de buen humor sus debilidades y vivir con ellas. Podía ser muy perezoso en los días rutinarios y muy esforzado a la hora del trabajo en campos de batalla o embarcaciones heladas. Podía pasar horas conversando en un café, pero también muchas horas aguantando explosiones de mortero sólo para tomar una foto. Pero entre sus muchos defectos se destacó su enorme afición por los juegos de azar. Su pasión por el juego y las apuestas sólo fueron comparables con su pasión por la fotografía y por sus amigos. Siempre fue un apostador. Tal vez por eso arriesgó tanto en su vida.

Capa tuvo una enorme lista de amigos, con quienes creó la agencia Magnum Photos y con ellos pasó largas horas dedicado a los juegos de azar. Las dos grandes pasiones de su vida se juntaron en un momento crítico del proceso de crecimiento de su agencia fotográfica, de una manera extraña y a la vez muy normal, teniendo en cuenta su temperamento inclinado al riesgo.

Corría el año de 1948 y las finanzas de Magnum Photos estaban mal. María Eisner se había casado y trasladado a Nueva York, donde seguía a cargo de los asuntos de la agencia, pero la oficina de París estaba en manos de Capa, quien le daba el mínimo tiempo indispensable. Prefería atender desde el café que había en el primer piso que en las amplias oficinas de la Rue du Faubourg Saint Honoré. Debían dinero a muchos fotógrafos, entre ellos a Henri Cartier-Bresson, y Capa le dijo a Pierre Gassman, gerente de la agencia, que él conocía una manera de financiarla. El otro se quedó mirándolo y le preguntó: "¿Cuál?". "Pues apostar a los caballos" respondió Capa. A Gassman le pareció que el tipo estaba loco, pero a medida que pasaron las horas, y al no encontrar mejor método para conseguir el dinero, pensó que tampoco había mucho qué perder. Estaban en quiebra. Capa fue al hipódromo y apostó todo lo que tenían. Su apuesta resultó ganadora y la agencia pudo recuperarse de esa primera crisis y continuar hasta lo que es hoy.

Su pasión por los juegos de azar explica, en parte, esa vocación suya por el riesgo. Por estar cerca de lo que quería registrar. Por acercarse a la esencia de los hechos de la vida. Lo que le interesaba contar y destacar. Era su manera de participar en los sucesos fundamentales de los momentos de la historia que le tocó vivir. Pero siempre lo hizo de una manera juguetona. Así como un día se acercó donde su amiga Eva Besnyö y le dijo informalmente que deseaba convertirse en fotógrafo, así como se marchó de su casa después de un incidente político, siempre jugó en el límite, en el riesgo. Capa jugó con el azar y en determinado momento el azar lo traicionó. De ahí que fuera natural su amistad con otros apostadores de la vida, como el escritor Ernest Hemingway o como el director de cine John Huston. Fue un *bon vivant* y el juego fue sólo una expresión de esa manera como él se acercaba a las cosas de la vida. Estar cerca era la única manera de saborearlas, de fotografiarlas, de saber a ciencia cierta cómo eran.

También fue un gran escritor, aunque esta faceta (su vocación original) ha sido un poco olvidada, debido a la calidad de su trabajo fotográfico. Dejó varios libros donde cuenta sus experiencias como periodista en el campo de batalla: *Death in the Making*, narra sus experiencias en la guerra española, e incluyó sus fotografías y las de Gerda Taro, a cuya memoria está dedicado. *Ligeramente fuera de foco*, que reúne su periplo durante la Segunda Guerra Mundial desde su accidentada salida de Nueva York en 1942. En ellos da muestra de un conocimiento moderno del reportaje reconstruido. O sea, el Nuevo Periodismo, una forma del hacer crónicas adoptada posteriormente por algunos renovadores periodistas norteamericanos y a la cual le dictó la partida de nacimiento un escritor llamado Tom Wolfe en 1966. Capa era un practicante de esa nueva forma de escribir, aunque no tenía por qué saberlo. Su oficio era contar historias, no decidir cuál era la forma correcta de hacerlo. Sus relatos obedecen a ese formato de manera precisa: son una mezcla de experiencias personales, visiones subjetivas, mezcladas con la observación periodística de los hechos descritos. Aquellos libros, que tuvieron poca difusión en su momento y apenas hace poco han vuelto a ser reeditados, fueron ilustrados con fotografías del autor. Y los editores privilegiaron más la presencia de las fotografías que el texto.

La escritura fue una forma de expresión que jamás abandonó. En 1935, durante su primera estancia en España, dejó su trabajó fotográfico unas semanas y se encerró a crear una novela. Se sabe que escribió por lo menos tres capítulos de ese proyecto. O sea, siempre siguió escribiendo y, de hecho, muchas veces vendió reportajes acompañando sus fotografías. Una personalidad como la suya, inclinada al exceso, provocó muchas veces leyendas y consejas. Otra forma de la ficción. Tal vez fue parte de esa estrategia continuada de seguir vendiendo la leyenda del fotógrafo norteamericano que nunca fue, porque siempre y, sobre todas las cosas, fue un fotógrafo húngaro heredero de la rica tradición cultural centro europea. Por ejemplo, al regresar de China en 1938, circulaba en París una historia posiblemente creada por él mismo con su alma de novelista. Como si los hechos reales de su cubrimiento de la Guerra Chino-Japonesa no fueran ya de por sí lo suficientemente sorprendentes y arriesgados. Según esta historia, cuando estaba en Hankow, sin dinero y sólo con su cámara fotográfica y su pasaporte húngaro con la visa de treinta días ya vencida, consiguió un contacto para cruzar las líneas enemigas e irse a entrevistar a un general del Ejército Rojo (digamos, tal vez, Mao Ze Dong). Mientras cruzaba la líneas escondiéndose de los japoneses y de los espías de Chiang Kai-Shek les jugó a unos oficiales del Ejército Rojo una larga partida de póquer, en la cual ganó 600 dólares y con ellos pudo regresar a Europa. Como señala su biógrafo, Richard Whelan, lo único cierto es que tenía una cámara fotográfica y un pasaporte húngaro, pero es una historia que refleja el tipo de mitos que se forjaban alrededor de su nombre, muchas veces, es de suponer, iniciadas por él mismo en una noche de copas en algún bistró del Barrio Latino.

La ficción, las leyendas personales, su trabajo periodístico fueron parte de ese deseo de hacerse escritor que siempre lo acompañó. Incluso la forma como se rebautizó como Robert Capa es parte de lo mismo. Una forma literaria en la cual él era el protagonista de una novela que iba construyendo día a día. Novelas que se quedaron a medio escribir, pero, en cambio, sobrevivieron sus libros de periodismo.

Por último, en ese juego de azar, otro componente importante fueron las mujeres que amó o que lo amaron o con las cuales compartió pasajeras experiencias. Incluso Gerda Taro, la mujer más importante de su vida, apenas lo acompañó tres años, durante los cuales pasaron largas semanas separados, debido a las obligaciones de la profesión periodística. Hubo muchas mujeres en su vida. Después de la muerte de Taro estuvo con una mujer de origen marroquí, de la cual sólo se recuerda que era una personalidad difícil y salvaje. Está la pelirroja del Ejército británico durante su permanencia en Inglaterra. Después de la guerra tuvo una larga relación con Ingrid Bergman, y así sucesivamente. Incluso estuvo considerando seriamente el matrimonio con Jemison Macbride Hammond, ex esposa de un conocido productor de jazz.

Este aspecto de su vida, como otros, no han sido muy reconocidos en las diversas notas que circulan en la web. Lo que sí está a disposición del público son sus fotografías más conocidas. En la página web de Magnum Photos hay un catálogo representativo, pero igualmente pequeño. Capa fue un creador muy complejo, con muchas facetas que respondían claramente a su personalidad. Esa personalidad que le trajo tantos problemas. Ser demasiado desfachatado, demasiado cínico, demasiado militante, demasiado inclinado a la izquierda. En fin, una personalidad definida por los excesos.

Arroz amargo

En abril de 1954 Capa se hallaba en Tokio. "Estoy muy feliz en Oriente", le escribió a Werner Bishop. Y a su amigo Hiroshi Kawazoe también se lo subrayó: "Japón es el paraíso del fotógrafo". Había estado viajando entre Kioto, Nara, Osaka, Kobe y Anagasaki. Estaba fascinado con esa mezcla entre Occidente y Oriente que encontraba en todo el país. Vivía un periodo de tranquilidad profesional y hacía sólo los trabajos que le gustaban. Sin embargo, una serie de hechos casuales, sucedidos lejos de donde él estaba alteraron su destino.

A fines del mes, el fotógrafo de *Life*, Howard Sochurek, que estaba cubriendo para la revista la guerra de Vietnam entre el Viet Minh y las tropas francesas, pidió una licencia de treinta días. Su madre acababa de sufrir un ataque cardíaco y él quería estar con ella durante la convalecencia.

Ese día, el editor de *Life*, Ray Mackland, durante un almuerzo de negocios en Nueva York, se enteró de que Capa estaba en Japón. Entonces se comunicó con los responsables de Magnum para hacerle una oferta de trabajo de treinta días con un pago excepcional en dinero (el doble de lo que le pagaban a Sochurek). A Capa al principio no le interesó la oferta. Vietnam no era un lugar seguro para nadie. Sin embargo, hubo dos razones que lo llevaron a pensárselo mejor. Por un lado, como siempre, Capa estaba apretado por falta de dinero y lo que pagaba *Life* cubría sus necesidades de ese momento. Por otro lado, el trabajo de otro gran reportero de guerra, David Douglas Duncan, había desplazado a Capa de la mente de los editores de prensa. Así que la misión en Vietnam podría ayudar a recuperar su imagen de fotógrafo de guerra, un poco olvidada (o al menos eso era lo que él creía), debido a su decisión de no ir a Corea, donde Duncan sí estuvo.

Sin embargo, pese a estas reflexiones, cuando aterrizó en Vietnam Robert Capa era un reportero de guerra que no debía probarle nada a nadie. En los últimos años había visitado repetidamente la zona de Palestina para cubrir tanto la creación del estado de Israel como la primera guerra del Golam. Había visitado los nuevos países comunistas de Europa oriental, así que le pareció que podía hacer este encargo como una manera de mantener afinado el ojo de reportero de guerra y divertirse un poco, como siempre.

Llegó a Vietnam el 9 de mayo, apenas concluida la ofensiva del Dien-bienphu. Alcanzó a enviar varias notas sobre la vida en Vietnam bajo la ocupación francesa antes del 25 de mayo. Sus hermosas fotografías, tomadas en la zona de Luang Prabang y en el delta del río Rojo, prefiguraban la tragedia que ese pequeño país asiático viviría durante los siguientes veinte años.

Ese día —su último día en el mundo—, comenzó como muchos otros de su vida profesional: llevaba una cámara Contax cargada con película blanco y negro y una cámara Nikon con película de color, un frasco con brandy y un termo con té helado.

A las siete en punto de la mañana, un jeep militar se detuvo frente al Modern Hotel y lo recogió junto al corresponsal de *Time*, John Mecklin, y al periodista Jim Lucas, corresponsal de una agencia de prensa. El vehículo los llevó hasta donde estaba una columna de soldados franceses, compuesta por dos mil hombres de infantería y alrededor de doscientos vehículos entre tanques y camiones de transporte que aguardaban para tomar un ferry. Iban hacia el poblado de Doai Than, el primer objetivo del día.

La mañana era calurosa y los francotiradores acechaban. Sin embargo, Capa renunció a ir a cubierto en el vehículo blindado y viajó expuesto a la luz del sol y al fuego de la guerrilla.

En un momento dado uno de los motociclistas franceses que escoltaban la caravana agredió a un campesino que pasaba cargando los baldes característicos del país y lo tiró fuera del camino. Capa entonces le comentó, furioso, a Mecklin: "Mire a ese hijueputa, acaba de reclutar a un nuevo Viet Minh". Estaba contento con las fotos que estaba tomando ese día y pensaba utilizarlas en combinación con las que había hecho en el delta del río Rojo para publicarlas bajo el título de *Arroz amargo*.

La columna se detuvo un momento debido a la explosión de un camión que voló por los aires matando a cuatro soldados e hiriendo a seis.

Los morteros del Viet Minh hacían agujeros en nuestra columna —escribió Jim Lucas—, los francotiradores escogían un blanco al azar y nuestra propia artillería rugía detrás de nosotros. Los pueblos a lo largo del camino ardían mientras los tanques los atravesaban.

Una iglesia abandonada, que estuvo tomada por francotiradores, fue destruida. Los guerrilleros del Viet Minh yacían en los mismos lugares donde los habían alcanzado los disparos. Los nuestros los llevábamos con nosotros. Capa estaba por todas partes. Cargó a un soldado vietnamita herido en el jeep bajo el fuego de mortero y lo llevó hasta donde lo pudieran atender.

A media mañana la columna se detuvo en un fuerte militar, mientras el camino y dos puentes que había más adelante eran reparados. Capa fue caminando hasta el lugar y tomó fotografías a los prisioneros del Viet Minh, que eran obligados a reparar los destrozos que probablemente algunos de ellos habían causado. Cuando todo estuvo listo la columna se puso de nuevo en marcha.

Unos cien metros después de Doai Than —escribió Mecklin—, la columna tuvo que detenerse debido a una emboscada del Viet Minh. Regresamos del campo y conversamos con el encargado del sector, el teniente coronel Jean Lacapelle. Capa le preguntó "¿Qué hay de nuevo?. El coronel replicó con un familiar: *Viets partout* (Viet Minh por todas partes).

Como la columna comenzó a moverse de nuevo, Capa se subió a la tapa del motor del jeep para tomar una foto. Un camión cargado de infantería que estaba detrás nuestro pitó vigorosamente, pero Capa se tomó su tiempo. "Esa era una buena foto", dijo al bajar.

Pero la columna se detuvo de nuevo casi inmediatamente. Eso fue un kilómetro después de Doai Than y tres kilómetros antes de llegar al objetivo final, Than Ne. El camino estaba elevado un metro o metro y medio sobre los cultivos y servía como dique para el pequeño torrente que habían formado las lluvias en el lado derecho...

El sol castigaba fieramente. Había disparos en todas las direcciones: artillería francesa, morteros y tanques detrás de nosotros, la metralla de armas cortas entre el follaje alrededor del pueblo, a doscientos metros de donde estábamos, fuego de armas pesadas mezcladas con explosiones de disparos de los blindados franceses en otro pueblo que estaba a otros doscientos metros delante de nosotros, el esporádico zumbar de balas sobre nuestras cabezas, el horroroso tronar de las minas y los morteros enemigos.

Un joven teniente vietnamita se acercó a nosotros y comenzó a practicar su inglés, que se limitaba a un elaborado *"How are you sir?, I am good"*. Capa, que estaba sentado en el camino y exquisitamente aburrido, dijo: "Voy a salirme de la ruta un poquito. Búsquenme cuando vayan a arrancar de nuevo".

Eran las 2:50 de la tarde.

Mecklin y Lucas consideraron que la situación era muy peligrosa para andar por ahí. Pero Capa era un hombre acostumbrado a tomar riesgos. Caminó sendero arriba hacia un lugar donde la ruta viraba a la izquierda. Estaba fotografiando a un pelotón de soldados que avanzaba perezosamente sobre el campo cubierto de hierba delgada. Tomó una foto en blanco y negro y luego otra a color. Esta fue la última foto que hizo en su vida.

En la imagen se ven ocho soldados que avanzan separados varios metros entre sí. Al fondo hay un tanque y tal vez dos tanques más. Tanto las máquinas como algunos de los soldados acababan de pasar por el mismo lugar donde iba caminando Capa. Fue sólo una cuestión de mala suerte. Una apuesta equivocada. Pisó una mina antipersonal que lo hizo volar por el aire y cuando cayó sobre la húmeda tierra vietnamita, Robert Capa continuaba con su Contax aferrada con fuerza. En cambio, la Nikon fue a dar a varios metros de la explosión. Eran las 2 y 55 de la tarde.

Robert Capa fotografió el escenario exacto de su muerte. Estaba ahí, a pocos metros del lugar donde disparó por última vez su Nikon. Hasta el último minuto de su existencia cumplió a cabalidad con su vocación.

Su legado

Robert Capa vivió en un siglo marcado por la guerras entre naciones. Nació al mismo tiempo que comenzaba la Primera Guerra Mundial. Vivió la Guerra Civil Española, la Segunda Guerra Mundial y murió durante la escalada norteamericana en la guerra de Vietnam. De sus cuarenta y cuatro años vivió un total de diez bajo guerras mundiales, diez en guerras civiles y cubrió innumerables conflictos regionales. Casi treinta años de guerra. Un lapso que agotaría a cualquiera. Por eso llegó a decir que el deseo más ferviente de un fotógrafo de guerra es estar desempleado. Dejó un enorme archivo fotográfico (70.000 negativos). En él se resume gran parte del rostro de la humanidad en la primera mitad del siglo XX. Él le dio identidad a la tragedia humana en medio de las guerras que marcaron este largo periodo de nuestra historia. Esa larga agonía de esta especie animal en proceso de extinción o, lo que es peor, en proceso de autoextinción.

Robert Capa murió en su ley. Fiel a su profesión. Apostándole a la vida o apostando su vida a cambio de una foto. No pudo vivir de otra forma y tampoco pudo morir de una manera diferente. Por las lentes de sus innumerables cámaras pasaron presidentes de países poderosos, como Harry Truman, líderes depuestos como León Trotsky, monarcas en ejercicio de su poder y príncipes venidos a menos. Fotografió a actores y actrices de cine (esos príncipes y princesas del siglo XX), como Ingrid Bergman, Grace Kelly, Humphrey Bogart, Gary Cooper, Gene Kelly; a intelectuales como Ernest Hemingway o William Saroyan; a directores de cine como John Huston, Luis Buñuel o Billy Wilder; a pintores como Matisse o Picasso y su familia. Pero, en realidad, fue la gran familia del hombre el motivo de sus fotografías y retratos. Innumerables soldados, partisanos, guerrilleros, exiliados, desplazados, perseguidos por sus credos religiosos o políticos. Esos fueron los objetivos que lo persiguieron y desvelaron, y lo que los medios le compraron y le pagaron muy bien. Pero para él no fueron simple mercancía, sino un motivo, una causa, una forma de lucha por la dignidad humana.

Su trabajo sentó las bases de la moderna reportería gráfica. Un trabajo que recogió el espíritu de su tiempo, que fue influido por las corrientes más renovadoras en el campo del arte y el diseño. Él aplicó principios de diseño que hoy son el abecé de cualquier escuela de fotografía en la composición del cuadro fotográfico.

Sin embargo, en él no sólo están registradas las guerras y sus pérdidas. También fotografió expresiones más amables de la vida. A Pablo Picasso paseando con su familia en las playas del Mediterráneo. A niños en los campos de refugiados ejerciendo su papel de niños, jugando con pelotas y muñecas de trapo. A viejos y sus restos de dignidad posando ante la cámara con la miseria por detrás y la esperanza como todo capital para el futuro.

La fotografía es un arte del siglo XIX que tuvo su completo desarrollo en el XX. Son pocos los nombres que forman el catálogo básico de su historia. Y entre esos pocos nombres, el de Robert Capa o Endré Friedman o Bandi o André, como quiera que lo recordemos, es uno de los nombres esenciales.

CRONOLOGÍA

1913: Nace en Budapest. Sus padres fueron Julia y Dezsö Friedman.

1926: Conoce a Eva Besnyö, estudiante de fotografía, que le enseña los primeros aspectos de la fotografía.

1929: Conoce a Lajos Kassak, escritor y editor de la revista *Munka*, que lo introduce en los principios del periodismo y del socialismo.

1930: Cae preso por actividades políticas de izquierda. Su padre lo envía a estudiar periodismo a Berlín en la Escuela Alemana de Estudios Políticos. Eva Besnyö estudia también en Berlín y será uno de sus apoyos permanentes. Inicia, de esta manera, la errancia que caracterizó toda su vida. Debido a la crisis económica mundial, su padre no puede seguir pagándole la escuela. Conoce a György Kepes, quien le entrega, como un préstamo a largo plazo, su primera cámara fotográfica, una Voigtländer de formato medio.

1931: Ingresa a la agencia fotográfica Dephot, dirigida por Simón Guttman. Aprende técnicas de laboratorio en las cuales nunca descollará. Toma sus primeras fotografías de manera profesional utilizando una de las primeras Leica.

1932: Viaja a Finlandia. Fotografía a León Trotsky dictando la primera conferencia pública en la cual fustigaba a su enemigo Stalin. El reportaje se publica en *Der Welt Spiegel*.

1933: Se traslada a París. Conoce a David Seymour, Giselle Freund, Henri Cartier-Bresson y, sobre todo, a uno de sus más importantes mentores: André Kertész.

1934: Conoce a Gerda Taro mientras toma unas fotografías para uso publicitario, por encargo de su antiguo patrón Simón Guttman. Publica su primer reportaje en la revista *Vu*. Cambia su nombre. Firma sus fotos como André y muy pronto como Robert Capa.

1935: Viaja a España por primera vez.

1936: Cubre la Guerra Civil Española. Hace la famosa foto de Cerro Murriano, que se publica en *Vu* y unos meses después en *Life*.

1937: La revista *Picture Post* de Londres lo proclama el mejor fotógrafo de guerra en el mundo. Muere Gerda Taro, después de tomar fotos en la batalla de Brunete. Capa viaja a Nueva York por primera vez.

1938: Vuelve a España y cubre la batalla de Teruel. Viaja a China como parte del equipo de rodaje del documental *Los cuatrocientos millones* de Joris Ivens. Hace reportajes para *Life*, *Vu* y otras publicaciones.

1939: Hace reportajes en Francia.

1940: Viaja a México a incorporarse a la oficina de *Life*, mientras espera sus papeles migratorios para entrar en Estados Unidos. Cubre unas conflictivas elecciones. Intenta fotografiar a Trotsky una vez más, pero este es asesinado antes de poder concretar la sesión. Entra a los Estados Unidos por Laredo, Texas.

1941: Fotografía a Ernest Hemingway. Es propuesto para un papel en la película *Por quién doblan las campanas*. Escribe sus primeros relatos autobiográficos. Conoce al que sería el gran fotógrafo Gordon Parks, que trabajaba en un tren y se convierte en uno de sus mentores.

1942: Recibe notificación del Departamento de Justicia de los Estados Unidos de que acaba de entrar en guerra con Alemania. Es declarado "*enemy alien*", lo obligan a permanecer en Nueva York. Desobedece la orden, consigue un pasaporte británico en Washington y se embarca para Inglaterra.

1943: Cubre la guerra en el norte de África y desembarca en Italia. Se lanza en paracaídas sobre el sur de Italia sin entrenamiento previo. Es considerado "paracaidista honorario".

1944 (junio): Desembarca en la segunda oleada de invasión en Normandía, en Omaha Beach, la playa sangrienta. Toma tres rollos, pero el laboratorista de *Life* los arruina y sólo se salvan ocho negativos.

1945: Recorre las zonas liberadas por los aliados, Francia y Alemania. Hace las fotos de la liberación. Fotografía al "último muerto de la guerra" en Leipzig.

1946: Termina su contrato con *Life*. Hace fotofija para la película *Notorious* de Alfred Hitchcock (sin crédito). Actúa en la película *Temptation*, de Irving Pichel. Vive una difícil relación con la actriz Ingrid Bergman.

1947: Mientras espera la visa para entrar a la Unión Soviética en compañía del escritor John Steinbeck, funda Magnum Photos. Son siete los socios fundadores. Más adelante se ve obligado a crear la categoría de asociados para poder mantener la agencia. Aparece su libro *Slightly Out of Focus*. Viaja a la Unión Soviética.

1948 : Aparece *Russian Journal*, textos de John Steinbeck, fotos de Robert Capa. Hace el primero de sus tres viajes a Israel por encargo de la revista *Illustrated* de Londres, que publicará su trabajo regularmente durante los siguientes años.

1949: Reportajes a Picasso y otros artistas. Viaja a Marruecos, Polonia, Hungría e Israel.

1950: Hace fotografías a Henri Matisse. Viaja a Israel por última vez. Trabaja casi con exclusividad para la revista *Holiday* e *Illustrated*.

1951: Hace fotografías de centros de esquí, la fiesta de la cerveza en Alemania y otros temas similares para la revista *Holiday*. Hace un nuevo viaje a Israel.

1952: Se dedica a hacer fotografías para el archivo de Magnum.

1953: Hace la fotofija de la película *Beat the Devil*, dirigida por John Huston y protagonizada por Humphrey Bogart.

1954: Viaja a Japón. Hace fotografías para la película *La condesa descalza*. Muere en Vietnam al pisar una mina.

Bibliografía

Barthes, Roland, *La cámara lucida*, Madrid, Editorial Gustavo Gili, 1982.

Capa, Robert, *Sligthly Out of Focus*, New York, Random House-Modern Library, 2001.

Crónica de la fotografía en Colombia (pról. de Roberto Rubiano Vargas), Bogotá, Taller La Huella-Carlos Valencia Editores, 1983.

Fotografía colombiana contemporánea (pról. de Roberto Rubiano Vargas), Bogotá, Taller La Huella-Carlos Valencia Editores, 1978-1979.

Fotografía e información de guerra. La Guerra Civil Española, Barcelona, Editorial Gustavo Gili, 1978.

Freund, Giselle, *La fotografía como documento social*, Barcelona, Editorial Gustavo Gili, 1976.

Frizot, Miche (edit.), *A New History of Photography*, Könemann Verlag, Colonia, 1994.

Los que fueron a España, Buenos Aires, Ediciones de Crisis, 1973.

Pollack, Peter, *The Picture History of Photography*, New York, Harry N. Abrams, 1969.

Robert Capa (introd. de Jean Lacouture), Paris, Centre Nationale de la Photographie, 1988.

Rubiano Vargas, Roberto, "El fotógrafo decisivo", en *El Búho*, N° 7, Quito, 2004.

——, "El oficio de retratar la historia", en *Teorema*, N° 7, Bogotá, 1977.

Tausk, Peter, *Historia de la fotografía en el siglo XX*, Barcelona, Editorial Gustavo Gili, 1978.

Whelan, Richard, *Robert Capa. A Biography*, New York, Alfred A. Knopf, 1985.

Sumario

9
El oficio de retratar la historia

13
Un bautizo en la trinchera

17
Algo sobre la fotografía de prensa

25
El primer bautizo de Robert Capa

33
¿Cómo es esto de la fotografía?

39
El primer reportaje: León Trotsky

47
París era una fiesta

55
Oportunidades y fracasos

63
El segundo nacimiento de Robert Capa

69
El arte entre las dos grandes guerras

75
La Guerra Civil Española

81
Cerro Murriano

87
La muerte de Gerda Taro

93
China, la guerra entre el cine y la enseñanza

99
El sueño americano

103
Enemy Alien

107
Paracaidista honorífico

113
Omaha Beach

119
El último muerto de la guerra

123
Fotógrafo de guerra desempleado

127
Magnum Photos

133
Juego de azar

139
Arroz amargo

145
Su legado

149
Cronología

153
Bibliografía

Este libro se terminó de imprimir en el mes de octubre
del año 2005 en los talleres bogotanos
de Panamericana Formas e Impresos S. A.
En su composición se utilizaron tipos
Sabon, Bodoni Poster y Akzidens Grotesk
de la casa Adobe.